本书在写作过程中得到了苏州市金螳螂公益慈善基金会的支持，特此致谢。

企业基金会发展研究

司开玲 著

中国商务出版社
·北京·

图书在版编目（CIP）数据

企业基金会发展研究 / 司开玲著 . -- 北京 : 中国
商务出版社 , 2024.1
ISBN 978-7-5103-4988-1

Ⅰ .①企… Ⅱ .①司… Ⅲ .①企业—基金会—发展—
研究—中国 Ⅳ .① F279.23

中国国家版本馆 CIP 数据核字（2024）第 021110 号

企业基金会发展研究
QIYE JIJINHUI FAZHAN YANJIU

司开玲　著

出　　　版：中国商务出版社
地　　　址：北京市东城区安外东后巷 28 号　　邮编：100710
责任部门：商务事业部（010-64269744　bjys@cctpress.com）
责任编辑：汪　沁
总 发 行：中国商务出版社发行部（010-64208388　64515150 ）
网购零售：中国商务出版社商务事业部（010-64266119）
网　　　址：http://www.cctpress.com
排　　　版：廊坊市展博印刷设计有限公司
印　　　刷：三河市龙大印装有限公司
开　　　本：710 毫米 ×1000 毫米 1/16
印　　　张：13　　　　　　　　　　　字　　数：103 千字
版　　　次：2024 年 1 月第 1 版　　　　印　　次：2024 年 1 月第 1 次印刷
书　　　号：ISBN 978-7-5103-4988-1
定　　　价：68.00 元

内容提要

企业型基金会是特定历史时空条件下的产物。对中国慈善事业发展来说，它是一个新生事物。如何认识这一新生事物？在唯物辩证法的指导下，本书将重点围绕以下几个方面描述并阐释企业型基金会的发展。

首先，企业型基金会的发展扎根于悠久的历史文化传统。"慈善"是中国思想文化中的重要内容，中国社会中有着悠久的慈善思想传统和广博的慈善文化知识。这些慈善思想传统和文化知识印刻在中国人的社会道德和交往规则中。起初，"善"的理念更多指向政治德行的劝导，随着社会经济的发展，"善"逐渐成为经济道义，"福报"思想开始在中国社会流传。在此过程中，善会善堂等民间慈善实体开始兴盛，承担着社会化进程中照顾弱者的责任。研究企业型基金会发展时研究，需要对中国慈善文化的纵向历史脉络有着较为清晰的把握。

其次，企业型基金会的发展浸润在当下的社会现实之中。在新时代思想中，"慈善"是一项重要内容，"人人向善"

成为一种精神倡导。企业型基金会的发展，与国家在意识形态上的鼓励和政策上的支持息息相关，它在推动第三次分配和促进共同富裕中发挥重要作用。另外，市场经济的发展，造就了企业家这个新阶层，他们的商业思维，以及对社会责任和慈善的理解，必定会使他们成为推动慈善事业发展的重要力量之一。由于企业基金会的资金和人力主要来自企业及其从业人员，这一趋向表现得愈发明显。

最后，企业基金会的发展受限于特定的社会关系网络。通过对九家企业型基金会的实地调研，笔者发现，在现阶段，企业型基金会占据非常好的优势资源，在参与国家重大战略、推动民生服务和促进地方慈善事业发展中发挥了重要作用。但是其发展生态中也存在一些脆弱环节。一方面，企业型基金会的发展与企业之间存在高度黏合关系，它依赖企业为其提供人力、场所、办公设备等生存资源。另一方面，企业型基金会与管理机构、社会组织、受助人的联结薄弱。企业型基金会与管理机构的关系上，更偏重于"被管理"这一单向的权力关系，而缺乏建言献策、沟通协调等互惠功能；在与其他社会组织的关系上，缺乏沟通协调、专业力量借用等组织动员能力；在与受助人的关系中，更偏向于完成科层制目标，缺乏对受助人的深入理解和认同。这些脆弱环节的存在，既可能给企业型基金会的可持续发展带来风险，也不利于资源的有效集约利用，有碍于"高质量"发展的时代要求。

基于上述认识，结合企业型基金会从业人员的经验，本书提出了企业型基金会发展的社会生态良性模型，围绕互动关系构建互惠性的社会生态模型，以期对企业型基金会的未来发展有所助益。

目　　录

第一章　导论

第一节　研究缘起与研究问题的提出

一、研究缘起

选择企业基金会作为研究选题，纯属偶然。2020 年 6 月的一天，我在办公室遇到魏晨老师，他问我：去苏州做企业慈善基金会的博士后研究，你可有意向？我原本是没有意向的，年龄上已近不惑，早已过了博士后进站的阶段，而且经过八年的工作磨炼，已经铁定心思安心做教书匠、静心求学问。可是，被他这么一问，反倒动心了。我原本学人类学、社会学，奈何工作以后踏入社工行当，面对一帮求知若渴的社工专业学生，内心充满惶恐，不知道该教些什么——准确地说，不知道教他们些什么是合适的。要做好老师，先得当好学生。如果能够进入慈善基金会从事博士后研究，不正好是一个机会，可以让自己到社会工作实践领域去参与学习吗？于是，这一偶然，让我迈入了企业基金会的学习和研究工作中。随后，尽管博士后进站时遭遇挫折，但是陆树程教授和徐嘉秘书长的真诚与认真，还是让我义无反顾地坚持从事这项研究。

二、研究问题的提出

企业，对我们来说并不陌生；慈善，对我们来说也不陌生。然而，什么是企业慈善基金会？它与企业是什么关系？它与慈善是什么关系？这些问题，对我们多数人来说，估计仍然是陌生的。甚至，当我选择企业基金会作为研究主题，并粗浅地阅读了相关文献之后，对"企业基金会"的理解依然是有偏见的。我曾执着地认为，企业和基金会的联合是一种怪异现象，因为在浅表的印象中，企业是逐利的、自私的，而基金会则是公利的、利他的。这两者怎么能够结合在一起呢？为了保证基金会的纯粹性和可持续性，必须将两者断开。然而，当我作为企业基金会的一员，真正进入其中进行参与观察时，我发现原先的执着是幼稚的，企业和基金会，或者说企业和慈善，并不是不能结合。相反，这两者的结合，有其必然性。甚至可以说，在现阶段，为了这种结合，企业是做出牺牲的。为此，我们需要重新认识企业和慈善的关系，切实理解企业基金会。

基金会的发展得益于改革开放，得益于中国经济的快速发展。1981年，中国境内第一家基金会成立。自此，中国境内的基金会经历了迅速的发展阶段，尤其是在2004年《基金会管理条例》颁布以后。据基金会中心网数据所述，截至2022年12月31日，中国境内基金会数量为9295家。其中，企业基金会的数量有1700家，占18.29%，包括国企、民企和外企设立的基金会。①

基金会的发展，是一个社会的缩影。一方面，改革开放四十多年来，中国的经济获得了快速发展，国家和社会的财

----

① 基金会中心网：数说基金会——2022年新成立基金会概览，https://www.sohu.com/，2023年7月19日。

富急剧增长；另一方面，经济和社会的快速变化，造成了大量的意外后果，比如，贫富差距扩大、社会问题凸显、传统的社会关系和社会价值观念遭到冲击等。在这样的背景下，社会该怎么办？各种类型基金会的出现和发展，可以视为中国社会对这些意外后果的积极回应。当然，基金会的类型不同，它们在关注的问题域、动员资源的方式、管理方式，甚至价值取向上可能存在差异。对此，本书将重点关注企业基金会，尤其是企业基金会在慈善生态链中的角色和功能，以及该生态链中的困境和断裂点。在此基础上，探索企业基金会良性发展的可能路径。

为什么关注企业基金会的"生态链"？从某种意义上说，企业基金会是社会关系的产物，它的核心特质在于社会性。首先，尽管企业基金会脱胎于企业，甚至和企业的利益紧密关联，但是它更多地具有社会属性，它是一个社会主体自主、自愿地为另一个社会主体奉献志愿服务、物质帮助以及满足其需求的过程。从这个角度来看，企业基金会是一座桥梁，连接了不同的社会群体。其次，作为第三部门的重要组成部分，企业基金会既是非营利的，也是非政府的，它需要而且能够在自愿原则的基础上提供公共服务，这就意味着它在价值选择、运作方式等内容上具有特殊性，与社会的关系更紧密。因此，我们对企业基金会的理解，以及企业基金会的发展，跟我们对社会和人的理解紧密相关。那么，企业基金会如何理解社会？它如何在社会中运作？社会又给企业基金会的发展提供了什么样的土壤？本书将在参与实践的基础上，尝试对这些问题进行探索。

尽管人们对"社会"和"人"的理解见仁见智，但是每个社会都有它的底色。在这个底色之上，人们试图参与社会、改变社会。在当前的社会环境下，社会组织的发展充满了机遇、危机和纠结：一方面，快速甚至是盲目发展所带来的社会问题，仅仅通过传统的政府和市场的方式难以解决，亟须社会组织和社会力量的参与。另一方面，政府从权力合法性的角度考虑，不信任社会组织，从而提高了社会组织管理的规范性，但是也越来越僵化，导致社会组织参与、改变社会的力量越来越弱，甚至有窒息感。另外，公众对社会组织的知晓和接纳程度仍旧较低，在社会关系上也缺乏信任。这种社会关系上的限定，对企业基金会的发展有着重要意义。企业基金会也需要通过对社会关系的梳理和实践，探索安身立命之道。为此，本书将重点围绕以下内容展开深入研究。

（一）企业基金会发展的社会化

从某种意义上说，企业基金会是一种社会关系的横向纽带，它连接着企业和公众、捐赠人和受助人、服务的提供者和使用者，甚至是彼此陌生的社会成员。同时，企业基金会也会营造一种社会关系和社会生态，让人们可以更多地关注社会责任、服务社会中的他者。面对这些社会关系，企业基金会有哪些表现？另外，基于非政府、非营利的性质，企业基金会可能需要超越企业的思维，最终将采用社会化的运作方式，从社会中来，到社会中去，让社会成员可以彼此触碰。企业基金会的社会化运作可以从项目设计、筹款、人事安排、资源动员和独立性等方面展开，在每个环节关注社会力量的参与。企业基金会在社会运作上，又有哪些作为？

（二）企业基金会发展的专业化

作为社会关系的横向纽带，企业基金会可以扮演的一个重要角色是媒介，即搭建一个平台，让专业力量参与。现代社会的一个特质，是专业分工越来越细化。当然，在这个过程中，社会也被肢解得支离破碎。不过，在坚持社会化的基础上，企业基金会恰恰可以充分利用这种专业细化的功能，动员专业力量的参与，并做出资源整合。比如，在项目设计中，让专业人士参与，精准识别项目所要针对的社会问题和社会需求（如贫困问题），在此基础上，再对该社会问题和社会需求进行细分，聚焦于具体的问题和需求（如扶贫项目援助、技能培训、公益倡导等）。另外，专业力量参与所带来的改变，可能不仅仅是对具体问题的思考，还有理念上的变化。比如，马云基金会所开展的一系列的乡村教育支持项目，围绕的重点始终是社会工作专业所追求的赋能和自助助人，为乡村教师赋能、为乡村学校的校长赋能，扎根当地，从而让他们去更好地服务乡村教育。专业人员的参与，除了对议题设置具有重要意义之外，对基金会团队的建设也具有重要作用。在实践中，企业基金会是否可以有效地动员专业力量参与社会服务呢？

（三）企业基金会发展的独立性

企业基金会发展的独立性，涉及在一个充满风险的社会生态中，企业基金会如何处理自身的主体位置。这种独立性包括相对明确的价值理念、关注的问题领域等内容。从某种程度上说，企业基金会的社会化和它的独立性恰恰是矛盾统一体。或者说，在所有的社会化内容中，独立性的坚守也许是最为艰难的，成全了独立性。在一个强调统一、服从和利益的社会生态下，企业基金会的生存可能会举步维艰；失去了独立性，失去了对权力和经济利益的免疫，企业基金会也就失去了它作为第三部门的存在意义。这是一个事关生死的大问题，不同的企业基金会会做出不同的选择，它们如何理解和应对其中的风险？是否能够坚持自身的独立性，自由、自愿地提供公共服务？从微观的角度来看，独立性更多指向项目设计和运作环节，即明确项目的目标和成效，以获取资源。在这一点上，独立性恰恰是一个企业基金会的安身立命之处。对此，企业基金会是否拥有自己相对独立的服务领域，是否能够动员社会力量参与，引导该领域向纵深方向发展，并且切实地让接受资助和服务的群体受惠？

（四）企业基金会发展的社会生态

我们在理解社会的时候，需要注意社会的关系性面向。在这里，它意味着企业基金会的发展跟此时此地的社会生态紧密关联。换句话说，我们无法脱离社会生态而对企业基金会做单独的考量。因此，研究企业基金会，需要考察它所处的政策环境，以及政策变化对企业基金会发展的影响。这种社会生态，关系到企业基金会的发展方向、价值取舍、运作方式等内容。企业基金会需要在这种社会空间中寻找生存智慧与合作策略，从而能够实现服务社会、服务特殊人群的终极使命。那么，社会生态的变化给企业基金会带来了怎样的影响？它将会给企业基金会带来怎样的未来？关注企业基金会发展的社会机制时，这些问题不可忽略。

当然，上述研究内容，需要放置在具体的经验研究中思考，在参与实践的过程中，本书将重点从两个方面着手研究：第一，企业基金会发展的一般状况，以及企业家精神对企业基金会发展的影响；第二，通过典型的个案研究，探索企业基金会的良性发展模式。

第二节　研究视角与研究方法

一、研究视角

作为慈善公益和社会组织的一部分，企业基金会是一个新生事物。如何认识这个新生事物？从什么角度理解这个新生事物？从笔者的角度来说，笔者希望立足于社会学，从社会学的立场考察企业基金会的发展。那么，"社会学的立场"是什么？社会学关注当下社会、关注社会关系和社会结构。用这种立场去理解企业基金会，我们会发现，企业基金会其实是一种载体，承载着特定环境下经济、道德、政治、社会之间的互动。

　　慈善活动需要资金支持。俗话说，"有钱好办事"。为了开展慈善公益活动，企业基金会必须有相对稳定的资金来源。为此，企业基金会需要接受捐赠。当然，因为名为"企业基金会"，言下之意，企业基金会有相对稳定的捐赠人，即企业家或者企业家所在的企业。因此，为了尊重捐赠人及捐赠人的意愿，企业基金会需要妥善处理基金会与企业、企业家之间的关系。

　　"慈善"是一种道德，这种道德除了强调利他之外，还蕴涵着特定历史时期的主流价值取向，甚至通过慈善活动彰显某种主流价值。从文献中我们可以发现，对于哪些人该救、哪些人值得救，不同时期、不同文化中会存在不同的观点。一般而言，洪涝灾害、干旱、疫情所导致的流离失所者值得救助，处于困境中的儿童也值得救助，这些群体或事项无论在哪个文化中都具有被救助的合理性。然而，人们对于穷寇、失节妇女是否应该接受慈善救助，却存在争议。比如，明清时期的清节堂，接收对象必须是贞洁烈妇。高校在发放助学金时，往往会有一条附加条款：严禁获得资助期间进入高消费场所。

对于这些道德伦理内容，企业基金会当然也不能回避。

企业基金会需要接受登记、主管部门的监管。一方面，企业基金会需要在法律法规的规范下开展活动。无论是资金上的收入和支出，还是项目活动的开展，企业基金会必须在符合规范的范围内运作，主管部门会通过"年检"这一形式监督其运行。另一方面，在日常工作中，企业基金会需要频繁地与业务主管部门打交道。评奖、评优、项目申报、资金筹集等，这些事项都将企业基金会嵌入主管部门所主导的地方慈善生态中。

企业基金会需要通过品牌项目发挥自身功能。无论是资助型基金会，还是运作型基金会，它们若想发挥正向功能，都离不开对某些特殊群体或特殊事项的关注。这些群体或事项扎根于社会之中，处于特定的社关系和社会生态中。在项目活动开展过程中，企业基金会必然会走进这些社会关系和社会生态，不管其涉猎程度有多深。比如，退役军人创新创业孵化基地会将企业基金会与退役军人及其亲属联结在一起；关注自闭症的教育型企业基金会会将企业基金会和自闭症人士及其照顾者联结在一起。可以说，企业基金会的终极目标在于通过行动参与创造健康社会。为此，企业基金会必然会与特定的社会群体联结，参与构建社会网络生态。

综上，在横向的社会关系网络中，企业基金会作为一个社会实体，承载了企业—政府—社会之间的互动，并肩负着"慈善"这一道德重量，是窥见当代慈善文化的一个窗口。在此过程中，为了理解上的便利，笔者将借用社会资本、公共领域、社会关系等社会学领域的常用词，来讨论当下的企业基金会所展现出的慈善生态。当然，为了完整地认识企业基金会，我们还需要运用整体思维和历史思维，通过对历史文献和政策文件的梳理，考察企业基金会所置身其中的慈善文化、慈善管理制度的来龙去脉，从而更深入地理解企业基金会的现实处境。

二、研究方法

从研究方法上，本书主要采用文献法、实地研究法、调查研究和行动研究。

首先，文献法。通过文献研究，主要获取三个方面的材料：一是慈善思想、慈善传统方面的资料。任何一个事物都有其因果，企业基金会作为一个新生事物，既与当前的社会环境有关，也不能忽视传统思想、传统作为对它的影响。因此，有必要对与企业基金会相关的慈善传统做一简要梳理。二是当下的政治、经济、文化资料，包括政治意识形态对慈善的认识、慈善与资本之间的关系等内容。为此，笔者搜集了改革开放以来国家领导人对慈善的论述，以及研究者对当前政治经济文化关系的相关论述。三是搜集了基金会、企业基金会的前期研究成果。通过这部分文献，笔者试图了解现阶段学术界对基金会，尤其是企业基金会的相关研究现状。然而，遗憾的是，目前学术界对企业基金会的关注相对较少，可以说，理论研究和企业基金会的实践之间尚未形成良性互动。当然，在文献阅读的过程中，笔者也发现了自身的不足，有很多经典文献需要花功夫慢慢消化吸收。然而，由于时间限制，笔者在文献检索上还存在很多疏漏，即使是检索到的文献，阅读过程中也存在囫囵吞枣的情况，这一点是笔者自身需要警醒的。

其次，实地研究法。实地研究法是社会科学研究中的一种常用方法，它的优点在于研究者可以进入现场进行参与观察，切身感受到他者在现实情境中的所言所行，并且通过非结构化访谈的方式，了解行动者的所思所想，以及他们对事情的态度和认知。在本研究中，笔者有幸进入基金会的工作场景，参与基金会的日常工作，体认基金会在日常运作中的优势与困境。

再次，调查研究。在研究过程中，为了更深入地了解企业基金会发展的整体情况，在合作导师的带领下，笔者参与了九家企业基金会的调研工作。[①] 调查过程中，通过问卷和结构化访谈的方法收集资料，其中，结构化访谈的主题包括：设立企业基金会的初衷、如何理解基金会和企业之间的关系、如何理解基金会与行政管理之间的关系、如何理解"慈善"、基金会发展过程中有何困难等。通过调查研究，一方面，了解企业基金会面临的普遍境况；另一方面，在不同的企业基

---

① 依照学术规范，书中对九家企业型基金会及受访人姓名、出资企业信息等均进行了匿名化处理，特此说明。

金会之间进行比较，以期发现它们各自的优势，以及这种优势对地方慈善生态构建的意义。

最后，行动研究。行动研究，是指在参与社会实践的过程中展开研究。在这种研究中，研究人员既是行动者也是研究者，它是实践过程和研究过程的统一，打破了传统方法论中对研究者、研究对象之间的二分法。对于既研究社会也创造社会的社会科学来说，行动研究具有重要意义和启发，它强调参与性和反思性。另外，在中国，企业基金会是一个较为新兴的领域，它的发展充满着变数，加之囿于本课题研究人员在企业基金会发展领域的经验，边实践边思考是一个恰当的选择。

在具体的研究过程中，本课题研究人员将围绕以下思路展开研究工作：首先，搜集企业基金会的一般信息，归纳总结不同的企业基金会在上述社会机制上的选择和表现；其次，以金螳螂慈善基金会为工作重点，参与项目调研和设计活动，探索适合企业基金会发展的社会化运作机制，并且通过不同群体间的沟通、反馈，理解从业者所体验到的行业生态和社会生态，思考企业基金会发展的功能和未来方向。

第三节　研究框架

围绕企业基金会发展现状及其良性运行模式的探索，本书主要包括以下内容。

第一章导论部分主要介绍研究缘起与研究问题的提出、研究视角与方法、研究框架。

第二章为企业基金会发展的社会传统，包括对慈善的社会思想史的简要梳理、善会善堂研究。从这种社会传统中我们可以发现，我国慈善事业的发展，是一个从观念到实体、从官方到民间、从精英到大众进而相互渗透的过程。

第三章为企业基金会发展的现实基础，包括新时代的慈善观、商业的发展和资本概念的普及、共同富裕与第三次分配、地方性的慈善文化。这种现实基础可以视为企业基金会发展的源头活水，任何一家企业基金会的发展，都嵌入这些现实中的具体情境，离不开对这些问题的思索和判断，并在此基础上展开行动。

第四章是企业家精神和企业基金会的发展，包括"企业家精神"的内涵、新时代下企业家慈善精神的共性特质、企业家慈善精神对基金会发展的影响。无论是企业基金会的设立，还是企业基金会的运行，其资金来源主要是企业家或者所属企业的捐赠。因此，不可回避的是，企业基金会需要顾及企业家对慈善的理解以及对慈善活动的考量。换句话说，在时代背景下，企业家是否会呈现出集体性的精神特质，这些精神特质将会对企业基金会的发展带来哪些影响，这些是本研究需要考虑的重点内容之一。

第五章为企业基金会发展的社会生态关系网络，包括企业与企业基金会的黏合、行政管理与企业基金会发展的规范化、专业机构与企业基金会发展的关系、企业型基金会发展社会生态关系网络的诊断、企业型基金社会生态"良性发展"模型的探索。前述内容中已经提及，企业基金会既涉及资金的筹集和运用，又承载着"慈善""公益"等利他性的社会道义，还在具体的项目运作中与多元化的社会群体相关联。因此，企业基金会的发展必然会受到行政主管部门的规训。

这种规训是必须的，然而，具体的规训方式是否有利于企业基金会的良性发展，这个问题还需要放在具体的情境中进行讨论。另外，企业基金会还涉及项目运作，有学者甚至将项目品牌的构建视为企业基金会的生命力和核心竞争力。对此，"专业的人干专业的事"。这种理念与现实之间是否存在差距，如何理解这种差距，如何理解专业机构与企业基金会之间的关系，这些问题也需要放在具体情境中进行讨论。

第二章 企业基金会发展的社会传统

第一节 慈善的社会思想史

中国社会中有着悠久的慈善思想传统和广博的慈善文化知识。这些慈善思想传统和文化知识印刻在中国人的社会道德和交往规则中。据记载，早在春秋时期，管仲已经提出"九惠之教"的慈善思想。所谓"九惠之教"，"一曰老老，二曰慈幼，三曰恤孤，四曰养疾，五曰合独，六曰问病，七曰通穷，八曰振困，九曰接绝"。从内容上看，它基本上包括了对老人、儿童、穷人、病者等所有弱势群体的慈善救济。不仅如此，管仲还指出了施行"九惠之教"的具体做法，通过国家的政治力量对不同的群体施行有针对性的照顾。当然，管仲所提"九惠之教"是向君王建言献策，他认为，君王为政，应以安定社会、教化百姓为主要目标，"行九惠之教"。[①]

无论是中国传统文化中的"文以载道"，还是马克思主义理论中的经济基础决定上层建筑，都表明知识的产生存在其社会基础，或者说思想的形成有其现实根源。当然，在这些思想或知识中，有一个重要的部分是社会思想，或社会知识，即它们的形成，与理解和处理社会关系紧密关联。在有关慈善思想的梳理中，笔者更关注慈善思想与促成该思想产生的社会现实之间的关联。换句话说，笔者更愿意将慈善思想放在它所处的社会现实中进行思考。

一、儒家文化中的慈善思想

谈到慈善思想，我们通常会立即想到儒家文化，尤其是儒家文化中对"仁"的阐释。对此，周秋光指出，儒家文化的慈善观是以"仁爱"为中心而展开的，构筑了包括大同思想、民本思想、义利思想在内的十分丰富的慈善思想体系。[②]其中，耳熟能详的表述有《论语》中的"仁者，爱人也"。

---

① 周秋光，曾桂林. 中国慈善简史 [M]. 北京：人民出版社，2006:52.

② 周秋光，曾桂林. 中国慈善简史 [M]. 北京：人民出版社，2006:29-33.

这种充满善念的思想常常给我们鼓舞。不过，我们还是要追问：是什么样的社会条件，促成了以孔子为代表的儒家文化的形成？这里涉及探索因果关系的方法论问题，具体而言，能够促使孔子思想产生的那些社会条件，在时间上应该发生在孔子言论出现之前，至少也是孔子置身其中的社会现实。据记载，孔子生于公元前551年，春秋时期鲁国陬邑人，曾带领弟子周游列国十四年，晚年修订六经《诗》《书》《礼》《乐》《易》《春秋》。尽管这六经都与当时的社会环境相关，然而，值得注意的是，《诗》中记载了大量的社会不平等、民间疾苦和怨恨。

《诗经·魏风·硕鼠》：硕鼠硕鼠，无食我黍！三岁贯女，莫我肯顾。逝将去女，适彼乐土。乐土乐土，爰得我所。硕鼠硕鼠，无食我麦！三岁贯女，莫我肯德。逝将去女，适彼乐国。乐国乐国，爰得我直。硕鼠硕鼠，无食我苗！三岁贯女，莫我肯劳。逝将去女，适彼乐郊。乐郊乐郊，谁之永号？

《诗经·魏风·伐檀》：坎坎伐檀兮，置之河之干兮，河水清且涟猗。不稼不穑，胡取禾三百廛兮？不狩不猎，胡瞻尔庭有县貆兮？彼君子兮，不素餐兮！坎坎伐辐兮，置之河之侧兮，河水清且直猗。不稼不穑，胡取禾三百亿兮？不狩不猎，胡瞻尔庭有县特兮？彼君子兮，不素食兮！坎坎伐轮兮，置之河之漘兮，河水清且沦猗。不稼不穑，胡取禾三百囷兮？不狩不猎，胡瞻尔庭有县鹑兮？彼君子兮，不素飧兮！

《诗经·魏风·陟岵》：陟彼岵兮，瞻望父兮。父曰：嗟！予子行役，夙夜无已。上慎旃哉，犹来！无止！陟彼屺兮，瞻望母兮。母曰：嗟！予季行役，夙夜无寐。上慎旃哉，犹来！无弃！陟彼冈兮，瞻望兄兮。兄曰：嗟！予弟行役，夙夜必偕。上慎旃哉，犹来！无死！

在上述三篇中，第一篇描述了贵族阶级与底层民众在社会财富分配上的严重分化，第二篇描述了贵族和底层在劳动分配和财富占有上的严重不平等，第三篇描述了战争带给底层家庭的情感伤害。既然这种描述不是孤例，可见当时的社会分化和民不聊生已经成为既定事实。只是，从思想的角度，如何理解这种社会现实？对于这个问题，当然是"百家争鸣、百花齐放"。不过，从现代社会工作价值理念和现代慈善的角度来评价的话，孔子的"仁"可以说是大善。为什么这么说呢？现代社会工作的"助人"系统中有四个层级：第一层是个案工作，即通过一对一的方式，专注于对处于困境中的个体的救助；第二层是小组工作，即通过一对多的方式，使得具有相似遭遇的小群体得以摆脱困境；第三层是社区工作，即通过群体参与的方式，改善个体所处的小生境；第四层是社会行政，即通过政策倡议的方式，改善个体所处的大生境。虽然四个层级的最终目标都是助人走出困境，但是第三层级和第四层级却具有改变文化的性质，目标更为宏大，也更为艰难。而且，文化不改变，个人处境往往难以真正改变。正如贺晓星在聋文化研究中所指出的那样，当聋人和听人之间存在文化上的不平等时，聋人的生存和发展往往遭受结构性的限制，也更容易被污名化。因此，理解聋文化，甚至理解"聋文化宣言"变得至关重要。①

---

① 贺晓星.日本"聋文化宣言"：权力政治、社会不平等与文化再生产[J].北京大学教育评论，2008（4）.

基于上述认识，我们也就可以理解孔子为什么要从政治文化的角度切入去改变社会现实。从现代社会福利的角度看，政治的覆盖面广，可以最大限度地惠及多数人，因此，最有效、最根本的方法在于面向政治的政策倡导和面向大众的文化倡导。孔子所倡导的"仁政"，以及带着弟子周游列国，所试图实现的理想，莫过于通过政治环境和民风的改变，达成不同阶级之间的和解，改善民众处境。从这个角度看，儒家文化所提出"仁"，是面向社会不平等而提出的温和挑战——这种不平等既可以指权力的等级分化，也可以是经济的两极分化，在当时的社会环境下，等级差异已经成为既定事实，而且这种分化已经超出了普通人可以承受的限度。

因此，解决贫富差距和社会冲突的要义在于"均"和"安"，如《论语》所说："闻有国有家者，不患寡而患不均，不患贫而患不安。盖均无贫，和无寡，安无倾。"不安、不和的原因，在各阶级之间，甚至是人与人之间的交相争利，即"私"。对此，孟子从义、利关系进行了阐释。在《孟子·梁惠王上》中有这样一段描述：

孟子见梁惠王。王曰："叟，不远千里而来，亦将有以利吾国乎？"

孟子曰："王何必言利，亦有仁义而已矣。王曰'何以利吾国？'大夫曰'何以利吾家？'士庶曰'何以利吾身？'上下交征利而国危矣。万乘之国，弑其君者，必千乘之家；千乘之国弑其君者，必百乘之家。万取千焉，千取百焉，不为不多矣。苟为后义而先利，不夺不餍。未有仁而遗其亲者也，未有义而后其君者也。王亦曰仁义而已矣，何必曰利？"

对早期的儒家文化来说，"善"的核心在于改变政治文化，通过统治阶级政治文化的改变，改善统治阶级与民众之间的关系，从而改善民众的生活。可以说，在当时的儒家思想中，已经具有"社会福利"的思想，比如，在认识君王和百姓之间的关系时，孟子提出"民为贵、社稷次之、君为轻"。此外，荀子也有"君者，舟也，庶人，水也；水则载舟，水则覆舟"的论述。

在社会关系中，除了君、民之间的关系需要"仁""义"之外，民与民之间也需要互助与帮扶。对此，我们熟知的《礼记·礼运》中表述为："人不独亲其亲，不独子其子，使老有所终，壮有所用，幼有所长，矜寡孤独废疾者皆有所养。"或许，这是体察社会道德的另一途径。与早期强调政治文化的取向不同，后来的儒家文化逐渐转向社会文化。当然，这里并不能对"政治文化"和"社会文化"做截然二分，某种意义上，它们之间具有相通性。韩愈在《原道》中说："博爱之谓仁，行而宜之之谓义。"张载在《西铭》中指出："民，吾同胞，物，吾与也。""尊高年，所以长其长；慈孤弱，所以幼其幼。圣，其合德，贤，其秀也。凡天下疲癃、残疾、惸独、鳏寡，皆吾兄弟之颠连而无告者也。"自此，社会关系中的道德内容扩展到社区和家庭内部。由此，我们或许可以说：一方面，"慈善"是一种社会意识的觉醒，在这种社会意识中，要求强者承担照顾弱者的责任。另一方面，"慈善"是人们面对艰难处境时的群体选择，当环境艰难时，人们必须彼此互助才能共渡难关。

可以说，儒家文化中的慈善思想是对社会关系的规训，无论对君王、士人，还是普通百姓，这种思想都产生了深远

的影响。曹操曾有两首诗体现了他对弱者的关注:

其一:《存恤令》(建安十四年)

自顷一来,军数征行,或遇疫气,吏士死亡不归,家室怨旷,百姓流离,而仁者岂乐之哉?不得已也。其令死者家无基业不能自存者,县官勿绝廪,长吏存恤抚循,以称吾意。(《魏志·武帝纪》)

其二:《给贷令》(建安二十三年)

去冬天降疫疠,民有凋伤,军兴于外,垦田损少,吾甚忧之。其令吏民男女:女年七十已上无夫子,若年十二已下无父母兄弟,及目无所见,手不能作,足不能行,而无妻子父兄产业者,廪食终身。幼者至十二止。贫穷不能自赡者,随口给贷。老耄须待养者,年九十已上,复不事家一人。(《魏志·武帝纪》)①

二、道家文化中的慈善思想

对早期的社会思想来说,人们对道德的理解并无定论。

---

① 林久贵,李露. 曹操全集 [M]. 武汉:崇文书局,2020:74.

换句话说，在政治权力相对分散的春秋战国时期，有关道德的理解也是充满争议的。在朱友渔的研究中，他论述了以庄子为代表的道家对慈善的反对。在庄子看来，慈善是人性的错误产物，阻碍了人类福祉。对此，他描述了庄子所虚构的孔子和老子之间的一场对话：

孔子西藏书于周室，子路谋曰："由闻周之征藏史有老聃者，免而归居。夫子欲藏书，则试往因焉。"孔子曰："善。"往见老聃，而老聃不许。于是繙十二经以说。老聃中其说。曰："大谩！愿闻其要。"孔子曰："要在仁义。"老聃曰："请问，'仁义'人之性耶？"孔子曰："然。君子不仁则不成，不义则不生。仁义，真人之性也，又将奚为矣？"老聃曰："请问，何谓仁义？"孔子曰："中心物恺，兼爱无私，此仁义之情也。"老聃曰："意，几乎后言。夫兼爱不亦迂乎！无私焉，乃私也！夫子若欲使天下无失其牧乎？则天地固有常矣，日月固有明矣，星辰固有列矣，禽兽固有群矣，树木固有立矣。夫子亦放德而行、循道而趋，已至矣；又何偈偈乎揭仁义，若击鼓而求亡子焉？意，夫子乱人之性也！"①

从这段对话中我们可以看出，老子将孔子所言"仁义"视为"欲使天下无失其牧"——此处的"牧"字最为精要，福柯曾将"治理"（governance）的源头追溯至13~14世纪东方的牧领制度。殊不知，中国在公元前5世纪就明确提出了这一思想，即治世先治人，治人先治心，治心贵用德。从老子的角度来说，"仁义"之说或许原本就是阶级分化的产物，或许就是我们通常所理解的"维持政治统治的文化工具"。不过，这样的评价无异于将儒家思想功利化，客观地推测，孔子倡导"仁"，其初衷或许在"安"，既然社会分化在所难免，那么，重点就在于权贵阶层承担起应尽的社会责任了。

可以说，儒家文化重在社会，它预设了"社会"的先天合法性。然而，与此不同的是，在老子、庄子的思想中，"社会性"是一个具有两面性的事物，它在包含道义的同时，也蕴涵着纷争，尤其是道德本身会成为一种确立权力关系的话语工具。因此，率性自然比社会道义更为重要。换句话说，

---

① 朱友渔.中国慈善事业的精神[M].北京：商务印书馆，2016:10.

"道义"恰恰是社会的产物，与此类似，人世间的纷争、夺利也是社会的产物。所以，在老子看来，克服社会性，"不争"才是上善："上善若水。水善利万物而不争，处众人之所恶，故几于道。居善地，心善渊，与善仁，言善信，政善治，事善能，动善时。夫唯不争，故无尤。"在此基础上，"天道无常，常与善人"，此中的"善"则指能够识破乃至顺应自然规律。如果人们都是一种个体化的存在，那么，他需求的其实很简单，自食其力。之所以有两极分化和社会不平等，深层次的原因恰恰在于社会关系上出现了问题。所以，要想克服社会分化和阶级不平等，庄子认为，应该从根本上否定人的社会性存在——至少不执着于人的社会性存在，做"逍遥游"。

从老庄思想来看，它与大乘佛教思想之间具有更多相似性，更像是哲学。然而，道家思想中也有用"善"作为规训世人的工具的，比如，《易传·坤·文言》中写道："积善之家，必有余庆；积不善之家，必有余殃。"《尚书·商书·伊训篇》中写道："惟上帝不常，作善降之百祥，作不善降之百殃。"当然，由于善与庆、不善与殃之间并没有必然的因果关系，自然也就遭到了一些人的反对。其中，有代表性的思想家是后汉的王充。杨联陞对王充反对善报因果论的思想进行了梳理，其中提到，"凡人操行，有贤有愚，及遭祸福，有幸有不幸；举事有是有非，及触赏罚，有偶有不偶……俱欲纳忠，或赏或罚，并欲有益，或信或疑。赏而信者未必真，罚而疑者未必伪，赏信者偶，罚疑，不偶也。"直到佛教传入中国，并将"业"报界定为轮回，因果报应论才找到其合理性依据。①

到了后世，道家文化越来越世俗化，呈现出越来越多的慈善与功德之间的因果报应论。对道家文化中的慈善思想，周秋光等人曾做过简要的梳理，这些慈善观念散落在上述《易传》以及《太平经》《太上感应篇》《文昌帝君阴骘文》等文献中。其中，《太平经》中指出，"财物乃天地中和所有，以共养人也"，由此延伸出"乐以养人""周穷救急"的慈

① 杨联陞.中国文化中的"报""保""包"[M].北京：中华书局，2016：53-80.

善观，并且将私攒财物视为一种罪恶："积财亿万，不肯救穷周急，使人饥寒而死，罪不除也。"而《太平经》的"承负说"亦成为后世慈善活动的依据。"承负说"是在"积善余庆、积恶余殃"的善恶报应论和天人感应思想的基础上发展而来的。它认为，任何人的善恶行为不仅在自身遭报应，而且对后世子孙也产生影响，而人的今世祸福也都是先人行为的结果。①

周秋光指出，葛洪的《抱朴子》也蕴含着道教积善修德的思想。在这种"积善修德"思想中，包含着神秘的因果报应论，而且出现了将儒家纲常名教与道教长生成仙相结合的内容。"若德行不修，而但务方术，皆不得长生也""欲求长生者，必欲积善立功，慈心於物，恕己及人，仁逮昆虫，乐人之吉，愍人之苦，周人之急，救人之穷，手不伤生，口不劝祸，见人之得如己之得，见人之失如己之失……如此乃为有德，受福於天，所作必成，求仙可冀也。"②两宋时期，

① 周秋光，曾桂林.中国慈善简史[M].北京：人民出版社，2006:39–41.
② 周秋光，曾桂林.中国慈善简史[M].北京：人民出版社，2006:42.

慈善活动得到普遍发展。与此同时，善恶因果报应论也更为流行，主要体现在《太上感应篇》和《文昌帝君阴骘文》。[①]

《太上感应篇》首先强调了善恶之间的因果报应论："善恶之报，如影随形""诸恶莫作，众善奉行。久久必获吉庆，所谓转祸为福也。故吉人语善，视善，行善。一日有三善，三年天必降之福。""凶人语恶、视恶、行恶，一日有三恶，三年天必降之祸。"然而，究竟什么是"善"呢？从文中内容看，《太上感应篇》中所言之"善"依然是社会生活中的日常常规，这些日常常规也是在中国社会中被反复强调的道德内容，比如"矜孤恤寡，敬老怀幼""宜悯人之凶，乐人之善，济人之急，救人之危"。[②]总体而言，善的救助对象包括老、弱、幼、孤、寡以及处于紧急状态或危难中的难以自食其力的群体。与此类似，《文昌帝君阴骘文》中也强调了善恶的因果报应论："广行阴骘，上格苍穹。人能如我存心，天必赐汝以福。"而能够获取福报的内容与《太上感应篇》

---

① 周秋光，曾桂林，中国慈善简史 [M]. 北京：人民出版社，2006:45.
② 张兆裕 . 太上感应篇 [M]. 北京：北京燕山出版社，1996.

大致相似，"救人之难，济人之急，悯人之孤，容人之过"。①

通过上述梳理，我们可以发现，对弱者的救助是社会道德的重要内容之一，这也是慈善思想的核心。在此过程中，"慈善"逐渐从先秦时期君王应该承担的政治责任，发展到宋代成为普通百姓也需要遵照的伦理责任。这个过程，可以视为"因果报应论"的普及，从原来的君王不施仁政会导致民不聊生、邦本不固，到后代的不施善行会给自身甚至子孙、父母等亲属带来恶报。从另外一个角度来说，这个过程也是"社会"的发展过程，即慈善思想逐渐从一种士大夫阶层的政治精英文化，发展到融入社会底层生活的民间文化。而且，道教文化从先秦时期超越生死、超越慈善道德的哲学思想，转变为宋代以来清单式的因果报应论，或许这一过程也是社会思想在世俗化过程中，儒、释、道三教融合的一个表现。这种及功德观，对世人的慈善观念和慈善行为影响深远，这一点笔者将在下文企业家施善行为的初衷中进行具体论述。

---

① 谢正强. 道学讲读 [M]. 上海：上海科学技术文献出版社，2011：259.

三、佛教文化中的慈善思想

与道家文化中慈善思想的两种取向类似，佛教文化中也存在两种不同的慈善思想：一种是积极宣扬施善与功德之间的因果关系，另一种是断开施善与功德之间的关联，从本性的角度理解慈善与功德。第一种慈善思想强调施善与功德之间的因果关系，这一点与上述《太上感应篇》等内容大同小异，这里不再赘述。笔者补充的是禅宗《坛经》和后来经常被佛教徒持诵的《金刚经》中关于慈善和功德的理解。

（一）《坛经·忏悔品》中记载的达摩与梁武帝的对话

帝问云："朕一生造寺度僧，布施设斋，有何功德？"

达摩言："实无功德。"

（帝云：）"弟子未达此理，愿和尚为说。"

师曰："实无功德，勿疑先圣之言。武帝心邪，不知正法，造寺度僧，布施设斋，名为求福，不可将福便为功德，功德在法身中，不在修福。"①

从这段描述中可以看出，达摩与梁武帝之间是话不投机。达摩从佛性的角度理解造寺写经度僧，他认为梁武帝所做的这些事情是实事，是住相，而非智性、空性，因此并无功德。可见，达摩对功德的理解已经出离世间相，也正因为跟"社会"脱离，终究曲高和寡。而梁武帝呢，更多的是从世间功利角度理解功德，他认为自己虔诚地造寺写经度僧就是功德。当然，梁武帝的这种功德观也是被后人多数所接受的，正如《太上感应篇》《文昌帝君阴骘文》等对世人慈善观念和行为的规训那样，乃至"善有善报，恶有恶报"已经成为中国社会中的口头禅。

或许，达摩所理解的"善"更像老子所说的"上善若水。水善利万物而不争"。这里，有个前提或许需要指出，在佛教文化思想中，有一条核心思想是平等。既然是平等，就不能通过"物"的多少来衡量功德。上文已经述及，到了春秋时代，社会的两极分化和社会不平等已经非常凸显，这种分

---

① 洪修平，白光 注评.坛经 [M].南京：凤凰出版社，2010:38.

化除了社会地位差异之外，最为根本的表现就是对"物"和"劳动"占有上的差异。试想，梁武帝所做的事情，普通老百姓是否能做到呢？是否有机会做呢？可以肯定的是，在分化的社会结构中，如果将梁武帝的所作所为视为功德，那么，一般民众肯定是没有机会去获得这些功德的。这样的话，"功德"就会成为一种重新划分社会等级的稀缺资源。因此，达摩将"功德"理解为"净智妙圆，体自空寂，不以世求"。

（二）《金刚经》中的慈善思想

《金刚经》中的慈善思想，主要体现在《金刚经·第一章》《金刚经·第四章》《金刚经·第八章》《金刚经·第十一章》《金刚经·第二十八章》，现将具体论述摘录如下。

第一章 如是我闻。一时，佛在舍卫国祇树给孤独园。与大比丘众千二百五十人俱。尔时，世尊。食时，著衣持钵。入舍卫大城乞食。于其城中，次第乞已，还至本处。饭食讫，收衣钵，洗足已，敷座而坐。①

---

① 丁小平 导读.坛经·心经·金刚经 [M].长沙：岳麓书社，2018:224.

第四章 复次。须菩提！菩萨于法，应无所住，行于布施，所谓不住色布施，不住声香味触法布施。须菩提！菩萨应如是布施，不住于相。何以故？若菩萨不住相布施，其福德不可思量。须菩提！于意云何？东方虚空可思量不？不也。世尊！须菩提！南西北方四维上下虚空可思量不？不也。世尊！须菩提！菩萨无住相布施，福德亦复如是，不可思量。须菩提！菩萨但应如所教住。①

第八章 须菩提！于意云何？若人满三千大千世界七宝以用布施。是人所得福德。宁为多不？须菩提言：甚多，世尊！何以故？是福德即非福德性，是故如来说福德多。若复有人。于此经中受持，乃至四句偈等，为他人说，其福胜彼。何以故？须菩提！一切诸佛，及诸佛阿耨多罗三藐三菩提法，皆从此经出。须菩提！所谓佛法者，即非佛法。②

第十一章 以七宝满尔所恒河沙数三千大千世界，以用布施，得福多不？须菩提言：甚多，世尊！佛告须菩提：若善

---

① 丁小平 导读. 坛经·心经·金刚经 [M]. 长沙：岳麓书社，2018:231.
② 丁小平 导读. 坛经·心经·金刚经 [M]. 长沙：岳麓书社，2018:242-243.

男子、善女人，于此经中，乃至受持四句偈等，为他人说，而此福德胜前福德。①

　　第二十八章 须菩提！若菩萨以满恒河沙等世界七宝，持用布施，若复有人知一切法无我，得成于忍，此菩萨胜前菩萨所得功德。何以故！须菩提！以诸菩萨不受福德故。须菩提白佛言，世尊！云何菩萨不受福德？须菩提！菩萨所作福德，不应贪著，是故说不受福德。②

　　从上述内容可以看出，《金刚经》对"布施"做了较为详细的论述。首先，是否施比受好？从第一品的描述中可以看出，施与受之间并无等级次第关系，或者说，施与受之间并非固定的社会关系，而是有着互动性。第一品讲述的是佛在舍卫国时，着衣持钵入舍卫大城乞食的故事。在世俗的等级观念中，"布施"往往是社会上层的事务，"乞食"是下层的事务。但是，第一品中的故事恰恰对这种世俗的等级观念进行了超越，佛去"乞食"，舍卫城的普通百姓成为布施者。

---

① 丁小平 导读 . 坛经·心经·金刚经 [M]. 长沙：岳麓书社，2018:255-256.
② 丁小平 导读 . 坛经·心经·金刚经 [M] 长沙：岳麓书社，2018:302.

从而证明世人平等，皆可以有佛性，在具体情境中，施与受可以互换，也无等级差异。其次，哪些行为可以被视为"布施"？对此，第四品中提出了三个关键词，即"不住行于布施""不住色布施"和"不住相布施"。最后，什么是"福德"？从第八品、第十一品、第二十八品来看，《金刚经》承认"布施"是一种福德，却不倡导。因为福德并不能等同于"福德性"，更为重要的是，若能"受持四句偈等，为他人说"，这种福德远远超过布施，即文中所述"其福胜彼""此福德，胜前福德"。这里，我们可以回顾一下前文提及的社工的四个层级，或者说四个境界，其中第四个层级是改变文化，通过改变文化让特殊群体可以获得自在和自主生活。但是，《金刚经》的境界更高一层，在于"无我"，因为无我，所以不应贪著福德、"不受福德"。

之所以补充《坛经》《金刚经》中对慈善行为与功德、福德之间因果关系的论述，是因为它们对我们理解慈善相对陌生，在现实生活中，我们往往处于一种"慈善的诱惑"中，即试图通过慈善行为换得某种福报。作为鼓励慈善行为的一种策略，这种福报的诱惑当然无可厚非。只是，我们需要知道，佛教文化对慈善、布施、福德之间的关系还有另外一种理解，这种理解同样可以指导我们向善——更平等地向善，而且也有企业家开始关注这种理解，并将这种理解付诸慈善行动，比如曹德旺。对此，后文将会再做论述。

第二节　善会善堂研究

一、明清以来劝善思想的流行

"劝善"是人类社会生活中的重要内容，无论人们在表述上有何差异，在具体事务的理解上有何争议，"向善"一直是社会道德正向宣扬的内容，这一点概莫能外。从第一节的内容也可以看出，"劝善"思想贯穿中国社会道德的始终。这一点，对于我们理解慈善思想意义重大，但是对于我们理解具体社会中慈善与其他事项之间的关联却无甚帮助。当我们把慈善放置在具体的时空和社会环境中进行考察时，慈善作为一项道德宣扬的内容，必然与当时的政治、经济、文化环境相关联，甚至与具体的社会群体产生关联，而且不同的社会群体会围绕什么是善、如何实现善展开争论。从这个角度看，慈善也是一个竞争社会中道德话语权的权力场域，它呈现出人们理解社会道德的不同面相。

在这个部分，笔者的疑问是：明清以来慈善发展的特点是什么？为什么明清开始流行劝善？对此，吴震在研究中指出，明清之际不少知识精英在日常生活领域，开始把儒家传统的"改过"实践发展成为互相"纠过"的集体性行为，由孔子的"自讼"、程朱的"主敬"引申出一套"焚香告天"的仪式，将道教《功过格》改换门面而代之以"儒门功过格"，而且他们还热衷于以结社或讲学的方式，在团体生活中具体落实"省过"的道德实践，以便激发区域社会的共同效应。① 从这里我们可以看出，明清慈善的特点，一是在群体特征上，越来越趋向于民间的团体化，即慈善由士大夫的政治思想理念，逐渐发展为民间团体的慈善实践。二是在方法上，越来

---

① 吴震. 明末清初劝善运动思想研究（修订版）[M]. 上海：上海人民出版社，2016:5.

越具有可操作性。对此，余英时的解释是，明初以降的政治文化生态日趋恶化，儒者"得君行道"的梦想几近破灭，最终由阳明心学发端，由"得君行道"转向"觉民行道"、由"政治取向"转为"社会取向"。① 在这种思想的转变过程中，民间社会的存在得以凸显，明清小说的盛行就是其典型反应。在慈善领域，慈善思想向下层的流动，除了上述两点特征外，表现出的另一特质就是"善"的因果报应论盛行。这一趋势从宋代已经开始，在明清之际尤其突出。甚至连一向"高尚"的儒家文化，也开始通过宗教的方式劝善。这是儒家文化的一种妥协，或者说是精英文化的式微，走向世俗的功利性策略。正如吴震所指出的那样，在对下层进行改进社会道德状况的劝善活动中，人们发现通过道德与宗教的结合来引导教化，更容易引起社会底层的共鸣。②

面向社会底层的劝善，是一个发现社会的过程。在有关

---

① 余英时.宋明理学与政治文化[M].长春：吉林出版集团有限公司，2008. 转引自吴震.明末清初劝善运动思想研究（修订版）[M].上海：上海人民出版社，2016:1.

② 吴震.明末清初劝善运动思想研究（修订版）[M] 上海：上海人民出版社，2016:5.

中国社会结构的解释中，有"家国同构"的说法，这一点是
不同于西方的市民社会的。所谓"家国同构"，指家庭、家
族和国家在组织结构方面具有共同性，强调父权的统治地位，
并按照血缘–宗法关系来治理。从这个意义上来说，"国"
是最大的"家"，"家"是最小的"国"。在此基础上，依
血缘关系确定亲疏远近，血缘之外的社会关系则通过"推己
及人"来调和。在这种社会结构中，并没有具体的权利义务
关系，相反，只有指导性的道德纲要，如《大学》所言："古
之欲明明德于天下者，先治其国；欲治其国者，先齐其家；
欲齐其家者，先修其身。"修身、齐家、治国、平天下，最
终的目标是什么？明德。在社会结构上，整个中国社会具有
家、国一致性，在"明德"上，中国社会也具有一致性。只
不过，这种一致性在具体表述上存在差异。对君王、士大夫
等精英阶层来说，德的主要内容是"仁"，无论是"仁者爱人"，
还是"泛爱众"，"仁"的指向都更为宽泛，也更为模糊。
而对于家庭、家族来说，德的主要内容则被表述为"善"，
因为家庭、家族活动范围更为具体，社会关系也更为明确，

因此"善"的内容也逐渐明晰。到了明清，"善"已经发展成为具体的行为准则，代表性的著作就是袁黄的《功过格》。

从知行关系看，明代开始注重知行合一。换句话说，如果真正想实现改善社会的愿望，必须使得社会成员能够内修于心、外见于行。尤其是对社会关系来说，行为的功能更大。因此，如何通过一套思想体系来规范人们的行为，并且能够易于操作，是"劝善"需要考虑的重要内容。在这一点上，《功过格》做到了可操作。

功过格是这样一种文献，它通过特定形式表达出对道德和非道德行为及其后果的某种基本信仰。其中列有应遵循或应回避的具体事例，以此显示了对约定俗成的道德及善的信念，这种善通过实践许多不同的、价值各异的、单件的善行构成。作为一种承诺要惩恶扬善的书，功过格反映了对超自然报应的信仰，相信上天和（或）鬼神监督人们的行为、清醒地施予福祸报偿。在信仰这种高高在上的审判运作的基础上，功过格从道德上肯定了现状的合理性：人们得到保证，无论在他有限的此生中实际获得的赏罚看起来多么令人困惑，但一种合理的、由神支持的体系依然在起作用，确保每个人和每个家庭最终获得他们应得的东西。[①]

那么，哪些行为可以为功，哪些行为是过？功、过的程度是多少？为此，《功过格》中还设计了一套道德行为评价指标体系，覆盖范围包括孝顺、和睦、慈教、宽下、劝化、救济、交财、奢俭、性行、敬圣、存心十一个方面，涵盖了人与人的社会关系和人与人的自然关系。我们以"救济格"为例，来看一下《功过格》对具体功、过的判断。

以救未然，及仁术救众，为第一。善医、善泅，富商、远游，皆可救人。

一日间遇物辄救、求借不吝、医药急赴，一功。

济饥寒乏绝，一事一功。

能济贫苦，不济，杀虫虐苗，一过。

十五日汲汲救放约大命一走兽及大鱼鸟。如无，以中小命折之。中命百、小鱼鸟小命千，虫虾螺属全者。

———————
① 包筠雅.功过格——明清时期的道德变迁与社会秩序[M].杜正贞,张林,译,上海：上海人民出版社，2021:265.

赈施当厄，扶持危病，俱十功。

教渔猎，倡杀生，疑病妄药，俱十过。

救饥、死，拯溺、缢、服毒，劝养小孩，设法收救弃儿，倡修紧要桥梁、险道，俱百功。

溺杀子女，私宰牛犬，偷杀畜物，俱百过。①

从上述内容可以看出，《功过格》中的"功"和"过"考虑到了人们行动能力的差异，有的人善医，有的人善泅，有的人可以远游，不管人们具有何种能力，都可以运用这些能力来做善事。另外，《功过格》对功和过进行了细化，并且有等级之分，功和过都按照一、十、百、无量这样的数量单位进行了划分。这样的话，即使是普通人也可以按照功、过标准进行从善修行。对这种细分的方式，我们或许可以从马克思和韦伯对宗教文化与经济关系的争议性思考中获得启发。在有关经济和文化关系的理解中，马克思始终坚持经济基础决定上层建筑，换句话说，经济对文化具有决定性影响。

---

① 石成金.传家宝——中国古代生活百科全书（下）.长春：吉林文史出版社，2005:532.

与此不同的是，韦伯认为，经济和文化之间并不存在决定论的关系，相反，两者之间应该是一种选择性的亲和关系。在《新教伦理与资本主义精神》一书中，韦伯强调了文化变革对经济的影响，具体来说，就是西方社会13~14世纪发生的新教改革，塑造了新教徒勤劳、节约的，并通过财富积累的方式获取上帝救赎资格的社会文化，该文化为资本主义发展所需的原始资本积累提供了精神动力。综合马克思和韦伯的理解，回到中国明清时期的劝善活动，从《功过格》的内容看，它应该也是当时商业发展的产物。我们知道，商业越发达，越需要记账制度的完善。而《功过格》恰恰是在社会道德领域运用了商业性的记账制度。也只有在商业发达的社会中，付出和回报才会有精细化的计算，即关于成本、收益的精确计算。所以，《功过格》对于功和过的记账只是第一个环节，记账以后怎么办？这里就自然而然地出现对功的回报和对过的惩罚了，只不过，这里"回报"和"惩罚"不仅仅是商业活动中所在意的钱财的聚和散，而是包含更为广泛的社会内容，比如在中国文化中，人们通常所追求的福、禄、寿、喜等。

这一点，我们可以从袁了凡的故事①中获得更真切的感受。

袁了凡先生，讳黄，初字学海。幼遇云南孔姓者，其人得邵子皇极数，推袁入泮当在明年。所决县试、府试、进学名次，三处悉验。因卜终身休咎，言某年当补廪，某年当贡，某年当选四川一大尹，在任止二年半，以五十三岁，八月十四日丑时谢世，惜无子。袁备录之，凡考校名数皆合。

将入南雍，访云谷禅师于栖霞山，对坐三昼夜，不瞑目。云谷曰：'人所以不能作圣者，只为妄念相缠耳。汝坐三日，不起一妄念，何也？'袁曰：'吾为孔先生算定，荣辱死生，皆有定数，无可妄想。'云谷笑曰：'我待汝为豪杰，原来只是凡夫。从来大善之人，数不得拘；大恶之人，数亦不得拘。二十年来，被他算定，不曾动转一毫，岂不是凡夫？'袁曰：'然则数可逃乎？'曰：'命自我作，福自己求。诗书所称，历有明训。释典中有求功名得功名，求长寿得长寿，求男女得男女之说，佛岂以妄语欺人哉？今后宜时时积德，事事包容。从前种种，譬如昨日死；从后种种，譬如今日生。此义

---

① 周安士．安士全书[M]．台北：新文丰出版公司，1995：234-236.

理再生身也。太甲曰："天作孽，犹可违；自作孽，不可活。"孔先生算汝不登科，不生子，此天作之孽也。汝今力行善事，广积阴功，此自作之福也。《易》曰："君子趋吉避凶。"若言天命有常，吉何可趋？凶何可避？开章第一义，便说"积善之家，必有余庆；积不善之家，必有余殃。"汝今还信得及否？'于是，遂出《功过格》示袁，袁即拜而受之。将从前过恶，为疏文一通，尽情发露忏悔，誓行三千善事，以求登科。云谷并教以持诵准提咒，以期必验。遂改学海，字为了凡，盖欲不落凡夫窠臼也。

明年，礼部考科举，孔先生算该第二，忽考第一，其言不验，而是秋中式矣。自此德日益修，功日益密，暗室屋漏之中，唯恐得罪天地鬼神。自己巳岁，发愿奉行，至于己卯，盖历十年，而后三千善事始完，是时遂起求子之愿，亦许行三千善事。因与室人互相劝勉，有善即书，有过即退。其时善念纯熟，将及满数，而遂得长男。癸未年九月十三日，复起求中进士愿，许行善事万条。丙戌登第后，授宝坻知县。日则见善必行，夜则焚香告帝。方忧日间无事可行，万善之数难足，一日梦神告曰：'只汝减粮一节，万善之数已完矣。盖宝坻之田，每亩二分三厘七毫。先生代其区画，减至一分四厘六毫。'果有此事，心颇疑惑。适幻余禅师，从五台来，以梦告之，师曰：'善心真切，一行可当万善，况合县减粮，万民受福乎！'先生喜，即捐俸银，令其就五台山斋僧一万，而回向之。孔先生算寿止五十三，后康强寿考，至于望八，子孙科第不绝。

上述引文被用来阐述"立命之学"。从此段描述中我们可以发现，宋明以降，中国人对个体与社会的关系有了更为深刻的认识。从对个体命运的理解来看，人们经历了从"命由天作"到"命由我作"的思想转变。在"命由天作"的理念下，人们相信算命之学，即文中的"邵子皇极数"；在"命由我作"的理念下，人们相信自己行为对命运的影响。在前者的理解中，个体被视为一种被动的自然存在；在后者的理解中，个体被视为一种主动的社会存在。这种转变，意味着个体能动性的增强，也表明人们在积极构建社会生活中的努力。换句话说，这是一种从发现自然到发现社会的观念转变。

针对世俗社会中的功利思维，"劝善"的核心在于恰当处理施与报的关系。这种关系包含施恩图报、施恩不图报、施恩拒报三种类型。对此，杨联陞曾引用《儿女英雄传》中十三妹施恩拒报的例子，说明施恩不图报是道德的行为，即圣贤在"从容中道"中所提出的照着社会的道德规定行事，而施恩拒报则是超道德的行为，它是比圣贤还要高一层的侠义行为。此外，结合近代中国社会的研究，杨联陞指出，中国社会中的"报"包含以下通则：一是家族主义，二是现世的理性主义，三是道德的分殊主义。[①] 当然，杨联陞在此文中所论述的"报"是指具体社会关系中的施与报。通过袁了凡的故事，我们可以发现，"劝善"活动中所说的"报"，超越了具体的社会关系，是一种更为长远的回报。至于回报的具体内容，及其有效性，则与当事人的"愿"紧密关联。换句话说，施恩者从日常善事的积累中，可以根据自身情况换取仕途、财富或子嗣方面的回报，这种回报不是具体社会

---

① 杨联陞：《报——中国社会关系的基础，孔府档案研究中心》，www.kfda.qfnu.edu.cn,2021 年 10 月 8 日。

关系中受助者的回报，而是上天和神灵的眷顾。通过这种方式，世俗道德领域的劝善与宗教之间发生关联，甚至强调入世的儒家文化也在劝善活动中借助宗教力量，将社会道德与民间信仰有机地融合在一起。① 这种劝善活动，甚至成为当时的时代之风，即如何通过道德劝善日益衰微的世道人心，如何重整地方社会的道德秩序和政治秩序。②

二、慈善的实体化：善会善堂

从社会学的角度理解，人除了具有个体性，还具有社会性。一种思想的提出，只有当它对社会成员的观念和行为产生影响时，它才具有社会性。通过《功过格》，我们可以看出，明清的慈善观念开始进入民众的日常生活实践。与劝善思想的流行相伴随的是慈善行动的实体化，即社会中开始出现专门从事慈善工作的社会机构，比如各种类型的善会、善堂。按照夫马进的界定，善会是个人自愿参加的、以实行善举为

① 王璐. 晚清劝善思想中儒家与宗教关系的新转向 [J]. 安徽史学，2021（6）.
② 吴震. 明末清初劝善运动思想研究（修订版）[M]. 上海：上海人民出版社，2016:4.

目的的自由结社，而善会办事机构的所在以及具体实施善举的设施则是善堂。在清代，以善会、善堂为核心的慈善事业一般被称为"善举"，从事这一事业的人们一般被称为"善人"或"善士"。[①]从某种意义上来说，中国社会中的善会善堂既是一种在国家资源匮乏的情况下出现的民间相互救济，也在城市中创造了社会自治的传统。[②]善会善堂的自治性，可以从它的发起人、资金来源、日常管理、服务对象的多元中得到体现。

作为一种慈善实体，善会善堂的运营不仅要有负责人、慈善理念、特定的救助对象，还需要有相对稳定的资金来源和相对清晰的管理制度。这也体现了当时中国民间社会的丰富性。据夫马进的介绍，支持善会运营的，不仅是地主，而且包括工业商业者及其所属行会。在善会的运营中，主要负责人多为乡绅，偶有官员，通常情况下，官员并不参与善会的运营，比如，虞城县同善会的运营责任者是身为乡绅的杨

---

① 夫马进.中国善会善堂史研究[M].伍跃，等译，北京：商务印书馆，2005:1.

② 朱友渔.中国慈善事业的精神[M].北京：商务印书馆，2016.

东明，无锡县同善会则由高攀龙等乡绅们负责，太仓州同善会的运营责任者是生员，而在福建省长乐县，知县成为主要的运营负责人。[①] 自明末清初善会善堂出现以来，其涉猎领域包括救济贫民，贫穷而无依靠的孝子节妇，没有被收容进养济院、亦没有行乞的贫老困苦者，幼年丧亲及身有残疾无法自立生活的人等。这些救助对象往往是没有机会获得官方社会福利照顾的。另外，善会善堂的运行经费也主要来自民间自筹。

同善会的筹资方法。高攀龙和陈龙正的同善会每年举行4次集会以收集会员们的捐赠，而沙溪镇同善会则认为每年4次收集捐赠过于麻烦，于是设置了义田，用义田的收益作为同善会的经费。但是到了清代初年，废除了明末嘉善县和太仓州同善会曾经实行过的由全体会员集资的方法。由于每年4次收集捐赠确实非常烦琐，所以用同善会的名义设立不动产是一种当然的方向。实际上，清代许多的善会善堂拥有土

---

① 夫马进.中国善会善堂史研究 [M].伍跃，等译，北京：商务印书馆，2005:89.

地和房产。①

太仓州同善会在某些方面与高和陈的规定有些不同，如每年举办两次会讲、会费不一定必须在会讲当日交纳、施棺也没有作为同善会的中心事业。但是，它在以下五个方面却与上述两者有着惊人的一致。一是同善会的经费和事业费来自会员的捐赠；二是同善会采用了会员制，具体的运作由会员负责；三是举办劝善的会讲；四是会员在推荐救济对象时除了贫穷以外，还要考虑伦理方面的资格问题；五是救济对象经过同善会会员的推荐之后，被登录在名簿之中。太仓州同善会淡化了名士亲睦会的性质，使之更符合善会的性质。②

从上面材料可以看出，在明末清初，中国的善会组织不仅在资金筹集方面有所创新，在善会的管理上也采用了"会员制"这一形式。当然，从救济对象的筛查条件可以得知，既使在这个时候，"伦理"仍旧是考量一个人是否值得救助

① 夫马进.中国善会善堂史研究[M].伍跃，等译，北京：商务印书馆，2005:90.

② 夫马进.中国善会善堂史研究[M].伍跃，等译，北京：商务印书馆，2005:95.

的重要标准，可见中国社会中的"慈善"不是无分别的博爱，而是一种杨联陞在研究"报"时所指出的分殊主义，即现代西方社会理论中所提出的特殊主义，它与普遍主义相对，嵌入具体的社会关系和道德判断。

善会出现后，慈善不再仅仅是个人行动，或者是仅仅依赖家族成员开展的施舍行动。相反，它逐渐转变为一种面向社会的有意识的集体行动——这里的"社会"已经不同于传统依赖血缘、地缘关系的社会，而是一种更为开放的、更为系统的现代社会。这种意识和行动的形成，与当时社会经济发展有关。在夫马进的研究中，他指出，明末清初虽然是少见的结会结社的时代，但是应该注意的是，当时诞生的绝不是农村型的组织，而是都市型的组织。这是因为：第一，都市是财富的聚集地；第二，都市是人的聚集地——这一点与当时的地主城居化有很大关系。但是，支持善堂善会的绝不仅仅是地主，而主要是工商业者或他们组成的同业行会。①

---

① 夫马进.中国善会善堂史研究[M].伍跃，等译，北京：商务印书馆，2005:158.

另外，对于善会的管理，也逐渐引入一种现代管理机制，形成一种有着明确分工的社会组织。他通过对平湖县同善会的资料梳理，将该善会的特点做了如下概括：一是按照职务名称将会员的工作做了明确分工，同善会设有四名负责人，主管全年活动的"司岁"、主管收入的"司收"、主管支出的"司给"和主管调查救济对象的"司访"。明末的同善会除了主会以外没有这些专门的负责人。司岁任期一年，任期结束后，司岁要向继任的司岁办理相关的移交手续。二是确定救济对象上比明末更加明确。首先是科举考试中始终不中的文士及恪守贞节的妇女，每季发放"上助银"9钱；其次是身家清白而生活贫困的老翁老妪、幼年丧亲及身有残疾无法自立生活的人，每季发放"中助银"7钱；最后是没有违法乱纪、因年老或身体残疾而贫穷的人，每季发放"下助银"5钱。基于上述特点，夫马进认为，当时中国社会中的同善会是"健全"的，根本原因在于，"同善会不是由某一位慈善家独断经营的，而是由多数会员自主经营管理的"。①

　　在关于善会善堂的研究中，夫马进关注的核心问题是慈善组织所展现出的社会与国家之间的关系。在 20 世纪 80~90 年代，社会与国家之间的关系问题是整个社会科学界的理论热点之一。作为一个社会实体，慈善团体处在具体的社会关系和社会现实之中，它除了在施善者与受助者之间发生关联外，还必然涉及慈善组织与政府的关系。在这个过程中，无论是慈善家个人，还是工商业的行会，他们对于自身处境都有着清醒的自觉。就前者来说，杭州善人丁丙是个代表性案例。可以说，丁丙出身慈善世家，家族传统中即怀有济世情怀。1862 年左宗棠收复杭州后，请丁丙牵头重组杭州慈善机构，全力负责市政事务。丁丙等杭州士人不遗余力地恢复并扩充了慈善组织，建成了功能齐全的杭州善举联合体，以普济堂、同善堂、育婴堂为主体架构，经营管理约 27 个机构，功能基本涵盖政府社会管理的所有方面。然而，政府财力衰弱，对

---

　　① 夫马进. 中国善会善堂史研究 [M]. 伍跃，等译，北京：商务印书馆，2005:103.

慈善组织的供给不足，导致杭州善举联合体的"总董"位置无人问津，即使丁丙任期届满，也难以找到合适的接替者。无奈之下，丁丙只能勉强维持，在"总董"位置上干了十五年。

我们知道，在传统儒家"仁"的教化下，国家和政府承担着照顾民众的社会责任，社会中的强者也有义务照顾弱者。因此，从社会功能的角度看，善会善堂、善举联合体等慈善机构其实是在分担政府的社会责任。然而，在社会动荡、政府财力不足的情况下，慈善事业也是举步维艰。因为个人情怀、性格的缘故，丁丙难以推脱杭州善举联合体总董的职务。

作为一种社会组织，行会则有更多的讨价还价余地。夫马进指出："各个业种的行会是根据自己所处的状况来决定如何对应善举事业的，并非凡是行会就都一律地参与到善举或者都市行政中去。在地方社会中，各个业种的行会拥有什么样的社会地位、肩负着何种程度的期待、因提供善捐可以得到什么样的保证，他们根据对时代和现状的分析在各个行业中进行选择。米业、箔业、锡业、木业，它们之所以要捐助善举事业，是因为认识到通过认捐这一途径能够维护行会自身的利益。它们的这一认识是在分析、斟酌了时势的基础上得来的。也就是说，对米业行会而言，当时政治、社会形势的变动，米市的迁移、流动路线的变化，使得旧有秩序难以维持。为了维护行会的秩序，它们认识到必须以公权力作为自己的后盾，而其获得公权力保护的捷径就是捐助善举。在这里，善捐是它们寻求保护的投资，而且这项投资还必须与它们得到的保护承诺相称。"[①]

　　将慈善组织放在具体的社会关系中进行考察，夫马进的研究给我们提供了重要启示。今天，我们理解企业基金会，同样需要将它放置在具体的时空环境中，探讨它与企业家、政府、专业组织、受助对象之间的关系网络，从而更为深入地理解它的现状，以及产生这种状况的原因。

---

　　① 夫马进.中国善会善堂史研究 [M].伍跃，等译，北京：商务印书馆，2005:498.

第三章　企业基金会发展的现实基础

第一节　新时代的慈善观

一、"慈善"的现代意涵

尽管我们一直讲"慈善"，这个词在中国也有着非常久远的历史，但是，我们今天所提到的"慈善"，既有着与传统的关联，也有它的独特之处。在朱友渔的研究中，他将慈善定义为"普遍的善意"或"对于自己同胞施以积极和善意的精神，尤其是对提升他们福祉的努力"。具体来说，慈善包括利他性的慈善、互助和改善民生三种类型。[①] 在这个定义中，慈善既有它的广博性，又有它的限定性，即慈善是一种普遍的善意，但是这种善意更多局限于自己的同胞。可见，

[①]　朱友渔.中国慈善事业的精神 [M].北京：商务印书馆，2016:5.

该定义是跟人们对民族国家的理解联系在一起的。在郑功成的研究中，他对慈善所对应的英文单词进行了比较，其中，philanthropy 表示善心、博爱，charity 表示博爱、宽容、慈善事业，beneficence 表示慈善、善行、捐款，benevolence 表示仁慈、善行、捐款。①

在此基础上，他给出了对慈善事业的定义："慈善事业是建立在社会捐献基础之上的民营社会性救助事业。"在这个定义中，慈善事业包括了四层含义：首先，捐献是慈善事业的立身之本。其次，慈善事业是民营事业。再次，慈善事业是社会性事业。最后，慈善事业是救助性事业，其直接目的是救助社会中的脆弱性群体。②在这个定义中，郑功成强调了慈善事业的民间性和社会性，即相对于政府来说，慈善事业是一种非政府的民营事业，而相对于个人和家庭的私领域来说，慈善又是一种社会性事业。其实，对于这两点，我们可以统一将慈善事业理解为社会事业。确立了这样一个主

① 郑功成，等.中华慈善事业 [M].广州：广东经济出版社，1999:5.
② 郑功成，等.中华慈善事业 [M].广州：广东经济出版社，1999:6.

体后，慈善事业包含两项重要内容，一个是捐款，一个是救助，这两项内容也可以看作是慈善事业负责实施的两项具体事务。

明确了现代慈善的意涵之后，郑功成对现代慈善事业的特点进行了概括：善爱之心是慈善事业的道德基础。贫富差别是慈善事业的社会基础。社会捐献是慈善事业的经济基础。民营机构是慈善事业的组织基础。捐献者的意愿是慈善事业的实施基础。社会成员的普遍参与是慈善事业的发展基础。[①] 相较于前面的定义，这里增加了对贫富差别的论述。慈善的产生，源自社会的贫富差别，它是等级社会的产物。从根本上来说，慈善不能改变社会等级，它最多能够改善困难群体的生存或生活处境。此外，慈善还是一种与文化相关的社会事业，它要求社会中有善爱之心，而且这种善爱之心越普遍越好。

上述界定更多从宏观层面来理解慈善。与此不同，康晓光从微观角度理解慈善行为，他认为，慈善包含以下四个要

---

① 郑功成，等 . 中华慈善事业 [M]. 广州：广东经济出版社，1999:8.

素：以造福他人为目的；自己不求回报；自己要蒙受一定的损失；出于自愿。在此基础上，他给出了对"慈善"的界定：慈善是出于人性之善，不以利己为目的，由民间自愿实施的，促进人类福祉的事业。[①] 这种界定更侧重慈善行为的动机和目的，即慈善的核心是利他性。这个界定聚焦于慈善行为，这是一种以捐赠者为主体的界定方式。

同样聚焦于慈善行为，但是周秋光将慈善置于社会关系中进行思考。他认为，慈善是一种社会行为，它是在政府的倡导、帮助与扶持下，由民间团体和个人自愿组织与开展活动，对社会中遭到灾难或者不幸的人，不求回报地实施救助的一种高尚无私的支持与奉献行为。[②] 在这个界定中，慈善是一种社会行为，它包括行为的实施主体、行为的动机、行为的对象以及行为的后果。所以，慈善实质上也是一种社会再分配的形式。在这个界定中，考虑到了现代慈善与政府之间的关系，而且明确现代慈善是在政府的倡导、帮助和扶持

① 康晓光，冯利.中国慈善透视 [M].八方文化创作室，2020:2-3.
② 周秋光，曾桂林.中国慈善简史 [M].北京：人民出版社，2006:7.

下开展工作。与此同时，现代慈善还承担了第三次分配的任务，它需要去弥补因市场失灵和政府调节不充分而带来的财富分配差距过大甚至是严重的两极分化。

与传统慈善相比较，现代慈善的不同之处在于，它是一种机构化运作。换句话说，在传统的慈善中，慈善的实施主体既可以是官方，也可以是个人，或者是家族。慈善的实施过程则带有更强的个人性，它更多受个人的意愿、素养等因素影响。由于社会流动的限制，慈善的实施范围也较为有限，多数集中在特定的地域范围内。由于现代社会中法治化进程的影响，现代慈善尽管也需要考虑个人意愿，比如个人对是否捐赠、捐赠数量、捐赠用途的选择等。但是，慈善的实施需要借助社会组织去开展。按照法律的要求，这些社会组织需要具备专业人才、活动资金的保障，尤其是需要按照国家的法律规范开展活动。

尽管中国社会在明清时期已经出现各种类型的善会、善堂，但是相较于现代社会中的慈善事业而言，其规模不可同日而语。郑功成等人甚至认为，现代慈善事业之所以被称为一项宏伟的道德事业，即是指它是一项有组织、有规则、有规模、有明确责任和义务的慈善活动。在慈善活动开展过程中，它需要有立法保证、政府的鼓励措施和完善的组织管理办法。"按照这个标准来判断，我们可以发现，个人慈善活动的历史非常悠久，但慈善事业的形成却是近代以来的事情，即只有当慈善型的基金会或团体组织出现以后才使慈善事业的发展有了保证。"因此，慈善事业是随着社会发展而逐步发展起来的，从慈善的个人行为，到现代许多国家和地区已经形成的社会化、专业化的慈善事业，表明了它是社会发展的一个产物。[①]

二、新时代思想中关于慈善的重要论述

"一代人有一代人的使命"，慈善事业也非无源之水、无根之木，它必然扎根在特定的政治经济环境中。这些环境是它生长的土壤，从根本上决定着它能开出什么样的花朵、结出什么样的果实。可以说，我们所处的时代赋予了"慈善"

---

① 郑功成，等.中华慈善事业[M].广州：广东经济出版社，1999:81-82.

特殊的价值。在这种价值体系中，慈善不仅仅是民间的社会行为，而且具有非常重要的政治意义。夫马进的研究中曾指出，明清之际的行会通过善捐的形式寻求政治保护。沿着这个思路，我们可以推断，随着政治经济的发展，慈善与政治、经济的联系越来越紧密，或者说彼此的嵌入性逐渐加深，而且这种社会趋势会越来越显著、越来越深刻。

中华人民共和国成立以后，国家对"社会主义"的理解是政府对社会各行各业全面负责。因此，慈善的实施主体也主要是各级政府。这个时候，社会中的友善助人风气浓厚，尤其出现了凸显社会主义慈善理念的"雷锋精神"。但是受制于整体的经济发展水平，慈善的实践能力受到抑制。改革开放以后，政府逐渐从对社会的全面控制中退出，在经济生活中确立了"以公有制为主体，多种所有制经济共存"的基本制度，中国经济的活力得到空前释放，政府和社会开始积累大量的财富。在这种情况下，一方面，社会积累的财富不断增多；另一方面，频繁的自然灾害和市场经济发展不均衡带来的贫富悬殊，造成社会中存在大量需要救助的群体。因此，20世纪90年代以来，国家开始重视慈善事业，并将其作为辅助政府完善民生服务的重要力量。至此，出现了一系列关于慈善的重要论述。1994年，时任国务院总理的朱镕基在一项批示中指出："我完全支持（慈善）这项事业。"与此同时，李瑞环也指出："社会需要慈善。"中国民主促进会创始人、曾任中国佛教协会会长的赵朴初说："社会主义的本质就决定它是最人道的社会制度。在社会主义国家，特别是在社会主义初级阶段，应该大力发展慈善事业。"从这些言论中可以看出，慈善事业逐渐获得了官方的认可。尤其是在1994年，原民政部部长崔乃夫等人共同创建中华慈善总会，这标志着中国的慈善事业首次由官方扶持兴办。[①]

进入新时代，慈善得到了越来越多的官方认可，国家领导人也在多种讲话中强调弘扬慈善文化、践行慈善事业的重要意义。苏州市慈善总会每年会整理、摘编习近平总书记关于慈善工作的重要论述，并在苏州市慈善行业内分发、传阅，连续多年从未间断。这里，我们以该会整理的《习近平总书

---

① 周秋光，曾桂林. 中国慈善简史 [M]. 北京：人民出版社，2006:6.

记关于慈善工作的重要论述》①为例，来学习了解新时代思想对慈善工作的理解。

从摘编内容可以看出，习近平总书记早在 2002 年就开始关心慈善事业，一直持续到现在。而且，在不同的场合，他会根据具体情境表达对慈善的不同理解、不同定位。比如，在 2002 年福建省慈善总会第一次代表大会上，他指出："要在加强公民道德建设的同时，普及慈善意识，传播慈善文化，弘扬优良传统美德，通过广泛开展慈善活动，聚集广大群众广泛参与，推进社会文明程度和道德水准的提高。"

2006 年，在浙江慈善大会上的讲话内容主要为："慈善是社会文明和谐的重要标志，是树立社会主义荣辱观的重要体现，慈善事业是一项全民的事业，要广泛普及慈善文化，弘扬慈善精神、宣传慈善典型，激发社会各界参与慈善事业的热情，在全社会形成人人心怀慈善、人人参与慈善的浓厚氛围，共同为构建社会主义和谐社会作出应有贡献。""慈

---

① 苏州市慈善总会摘编：《习近平总书记关于慈善工作的重要论述》，内部出版物。

善事业是惠及社会大众的事业，是社会文明的重要标志，是一种具有广泛群众性的道德实践，慈善事业在促进社会和谐中的作用日益显现。大力发展慈善事业，是调动社会资源解决困难群众生产生活问题的一条重要途径，对于协调各方面的利益关系，促进城乡之间、地区之间、民族之间的和谐发展，促进人与人之间的和谐相处，推动先富帮后富、最终实现共同富裕，具有重大的意义和作用。"

随后，在 2007 年 1 月 17 日，习近平总书记在《浙江日报》"之江新语"专栏发表题为《在慈善中积累道德》的文章。文章强调："无论是对人还是对组织，无论是贫穷还是富裕，不管在什么条件下，不管做了多少，只要关心、支持慈善事业，积极参与慈善活动，就开始了道德积累。这种道德积累，不仅有助于提高个人和组织的社会责任感及公众形象，而且也有助于提高整个社会的公平、福利与和谐，提高全社会的道德水平和文明程度。"

上述讲话内容是专门针对慈善工作提出的，代表了新时代下党和国家政府对慈善事业的理解和定位。其中，需要我们特别关注的是：

第一，慈善是社会主义精神文明的重要标志。在这一点上，慈善是社会道德的重要内容，既有悠久的传统文化资源，又有广泛的现实基础，是与人们的日常生活息息相关的内容。社会主义的核心在于促进全体人民共同富裕，让全体人民享受美好生活。因此，以利他、改善民生、服务弱势群体为根本使命的慈善，必然成为社会主义精神文明的重要内容。

第二，慈善是参与第三次分配、促进社会和谐的重要途径。慈善事业不仅有精神上的引导作用，还有功能上的辅助作用。具体来说，慈善事业的核心功能，是在党的领导下，调动社会资源解决社会问题，从而协调关系，促进社会和谐。在市场经济中，慈善事业对社会资源的调动能力，服务民生、帮助困难群体上的快速、有效，决定了它必然成为政府部门的好帮手。而慈善事业功能的发挥，也体现在具体的各种社会事务的参与之中。因此，习近平总书记的重要论述还体现在针对不同群体的不同的场合中，比如贫困群体、残障群体、志愿者、企业家等。"只要还有一家一户乃至一个人没有解决基本生活问题，我们就不能安之若泰；只要群众对幸福生活的憧憬还没有变成现实，我们就要毫不懈怠团结带领群众一起奋斗。"（2014年1月26日至28日，在内蒙古调研考察时的讲话）2014年1月28日，在呼和浩特市儿童福利院考察时的讲话中提到：对儿童特别是孤儿和残疾儿童，全社会都要有仁爱之心、关爱之情，共同努力使他们能够健康成长，感受到社会主义大家庭的温暖。

从上述论述中可以看出，在新时代中，慈善事业承担着重要的功能，甚至可以说它是一种功能性存在。慈善文化的弘扬则可以让这种功能发挥得更为出色。在这种功能的发挥中，慈善事业的核心是扶危助困、救急救难，它所面向的对象是社会弱势群体，包括穷人、病人、老人、儿童等。当然，更为重要的是，慈善事业能够在国家需要的时候，参与重大战略的实施工作。从慈善组织的角度来说，则是准确把握党和国家对重大战略的理解和定位。2020年9月8日，习近平总书记在全国抗击新冠疫情表彰大会上的讲话中提到："向上向善的文化是一个国家、一个民族休戚与共、血脉相连的重要纽带。"2019 年，习近平总书记在党的十九届四中全会上的报告中强调："发挥第三次分配作用，发展慈善事业，改善收入和财富分配格局。"

第三，慈善事业需要企业家、志愿者等社会群体的积极参与。慈善事业中有两项重要事务：一是捐赠，二是项目活动。从捐赠的角度来说，企业和企业家的捐赠是慈善事业中资金的主要来源之一，他们是参与第三次分配的主体。因此，鼓励企业和企业家参与慈善事业，意义重大。习近平总书记在不同场合谈到了企业和企业家在慈善事业以及社会发展中的重要作用。2016 年 4 月 19 日，习近平总书记在网络安全和信息化工作座谈会上强调："只有富有爱心的财富才是真正有意义的财富，只有积极承担社会责任的企业才是最有竞争力和生命力的企业。"2020 年 7 月 21 日，习近平总书记在企业家座谈会上强调："优秀企业家必须对国家、对民族怀有崇高使命感和强烈责任感，把企业发展同国家繁荣、民族兴盛、人民幸福紧密结合在一起，主动为国担当、为国分忧。""企业既有经济责任、法律责任，也有社会责任、道德责任。""只有真诚回报社会、切实履行社会责任的企业家，才能真正得到社会认可，才是时代要求的企业家。""社会是企业家施展才华的舞台，民营企业家在承担依法合规经营、创造股东和员工利益、依法纳税等法定责任的同时，还要基于自身相应能力履行慈善公益、生态环境保护等社会责任。"2020年11月12日，习近平总书记在江苏南通考察时强调："民营企业家富起来以后，要见贤思齐，增强家国情怀、担当社会责任，发挥先富帮后富的作用，积极参与和兴办社会公益事业。"

在通常情况下，企业和企业家群体被视为社会中先富阶层。因而，在实现共同富裕的目标下，他们是第三次分配的主要参与者。在理论上，只有他们积极参与自愿捐赠，他们手中的财富才能流向社会，通过慈善事业到达穷人手中，从而缩小贫富差距。因而，这个群体在当代的慈善事业中具有重要地位。另外一个重要群体则是志愿者。慈善事业的开展，除了需要资金以外，还需要有人力，通过慈善项目或者慈善活动的方式，将筹集来的捐赠资金或捐赠物资发放到受助者手中。这个过程需要大量志愿者的参与。一方面，志愿者的参与可以降低慈善事业的人力成本；另一方面，志愿者的参与也可以扩展慈善文化和慈善的社会效应，让社会中的更多人了解慈善、参与慈善。因此，志愿者群体在慈善事业中也具有重要地位，他们的慈善行为需要得到鼓励和褒奖。2019年1月17日，习近平总书记在天津市和平区新兴街道朝阳里社区考察时指出："志愿服务是社会文明进步的重要标志，是广大志愿者奉献爱心的重要渠道。各级党委和政府要为志愿服务搭建更多平台，更好发挥志愿服务在社会治理中的积极作用。"2019年7月23日，习近平总书记发表致中国志愿服务联合会第二届会员代表大会的贺信，信中指出："志愿服务充分彰显了理想信念、爱心善意和责任担当……希望广大志愿者、志愿服务组织、志愿服务工作者立足新时代、展现新作为，弘扬奉献、友爱、互助、进步的志愿精神，继续以实际行动书写新时代的雷锋故事。"

第四，慈善事业需要按照法律法规的要求高效运作。因为慈善事业的嵌入性，它与政治、经济和社会文化之间的紧密联系，使得慈善在社会生活中备受关注。俗话说，"高处不胜寒"。道德上的定位，让慈善事业的实施相较于其他行业更为谨慎。在这种情况下，一方面，慈善事业需要依法依规展开；另一方面，慈善事业也需要恪守公序良俗。尤其是面对国家重大战略和重要事项时，慈善事业更需要谨慎实施。对此，习近平总书记在2020年中央全面依法治国委员会第二次会议上的讲话中强调："（慈善组织）要依法规范捐赠、受赠行为，确保受赠财物全部及时用于疫情防控。"另外，习近平总书记在2020年统筹推进新冠疫情防控和经济社会发展工作部署会议上的讲话中强调："慈善组织、红十字会要高效运转，增强透明度，主动接受监督，让每一份爱心善意都及时得到落实。"

从上面的一些重要讲话中可以看出，在新时代思想中，慈善是社会道德的重要内容，慈善事业是促进社会发展的重要力量，在帮助困难群体、促进共同富裕中，慈善发挥着重要的支持、辅助功能。此外，慈善组织必须在法律法规的框架内开展活动。这些理解和定位，为我们理解基金会的发展奠定了基础。

第二节　商业的发展和资本概念的普及

上文提到，慈善事业的发展嵌入特定的政治经济环境。对当代社会来说，当我们讨论慈善时，我们无法回避市场经济的影响。无论是对慈善、对慈善动机的理解，还是捐赠、慈善机构的运行、项目的设计与实施，都离不开市场的影响，离不开商业。当然，对这里涉及的核心概念需要做出澄清——在多元化的社会文化中，人们对这些概念的理解充满着争议。

首先，如何理解"慈善"和"公益"？通常情况下，我们会将这两个概念不加区分地并列使用，称之为慈善公益或者公益慈善。然而，约翰-霍普金斯大学第一任校长丹尼尔·吉尔曼（Daniel Coit Gilman）指出，这两个概念之间存在一些关键差异：慈善仅仅是给穷人提供暂时的帮助，公益则是对社会中所有人的帮助；慈善满足了个体需要，而公益则是要创造和支持个人摆脱困境的机会和机制。[①] "对所有人的帮助"意味着公益需要面向大众，它的手段也更为彻底，不是改变特定个体的生活处境，而是改变导致该处境出现的社会原因。这个目标的实现，关乎社会整体的政治经济文化变革。

其次，如何理解"商业"和"市场"？广义来说，商业是产品的交换活动，市场则是为这种交换活动提供场所或规则。产品的交换在人类社会中具有漫长的历史，从原始的以物易物，到通过一般等价物展开的商品交易。按照卡尔·波兰尼的理解，经济事项，包括商品和交易，在人类生活中长期处于嵌入状态，即利润本身不会被视为追逐目标。然而，到了市场经济阶段，经济成为目的本身，甚至摧毁了传统的价值体系，构建了人与人之间新的联合形式。在这样的背景下，我们需要重新理解慈善与经济之间的关系。

随着市场经济的发展，社会中的合法逐利成为大家普遍接受的价值理念，竞争以及竞争基础上的互惠成为普遍法则。

---

① 李小云.公益的元问题[M].北京：中信出版社，2021:24.

与之而来的负面社会后果也不断加剧。现代公益的发展，恰恰基于人们对这些负面后果的反思。于是，围绕慈善的利他性和现代商业的逐利性之间的关系，不同的人给出了不同的思考，其中，代表性的人物有徐永光和康晓光。

在公益和商业的关系中，徐永光认为，公益和商业之间存在一个边界模糊的光谱图，应该鼓励公益向右、商业向左，即通过公益商业化和商业的公益化，实现公益和商业的殊途同归。"公益向右"的含义是公益事业需要注重投入产出效益，这个"投入产出效益"强调资金投入是否有效解决社会问题，并且产生影响力。如果公益能够实现这一点，那么它在手段上是可以提供收费服务的，但是前提是公益组织不能分配利润。这样的话，公益就可以运用商业模式运营，公益组织可以成为社会企业。与此过程相反，"商业向左"的含义是强调企业应该承担社会责任，当企业可以把这种社会责任升级到企业的战略公益，把公益渗透到产业链中的每一个环节时，企业就可以成为类似于信息技术革命带来的共享经济，甚至可以用影响力投资于社会企业，有效地解决社会问题。在企业参与公益的途径上，徐永光指出，企业参与公益存在质量上的层级。其中，1.0版是捐钱，即"授人以鱼"；2.0版是帮人做出改变，"授人以渔"。而更高的层次则是企业的战略公益，是指企业把它的公益行为渗透到产品和服务中，渗透到供应链上下游中，从而让最大多数人获益。[①]进而，他指出，在宏观的市场经济条件下，公益的市场化是正道，应该鼓励用商业手段做公益，因为社会企业能够遵循解决社会问题的有效性和可持续性规则。[②]

对此，康晓光则持不同的观点，在理解商业与慈善的关系时，他认为不能过高估计商业的公益性："资本市场的逻辑，不可避免地会夸大市场逻辑的适用范围，当然也会有意无意地将市场逻辑强加于慈善领域。它站在商业立场，质疑公益的有效性、可持续性，否定道德的合理性与正当性，否定人存在利他的可能性，宣称公益不但要学习商业的运作技巧，还要放弃自己的基本价值，转而接受商业的基本价值，在道

① 徐永光.公益向右，商业向左 [M].北京：中信出版社，2017:17.
② 徐永光.公益向右，商业向左 [M].北京：中信出版社，2017:7.

与术两个层面，商业都应该主宰公益，一句话，商业应该凌驾于公益之上。"① 基于此，他按照行为动机将慈善划分为两种理想类型："目的性慈善"与"策略性慈善"，前者指捐赠是出于纯粹的利他动机，后者指捐赠是出于利己动机。②

当然，否定用商业思维开展慈善，并不意味着康晓光否定客观现实中商业对公益的渗透。根据当前慈善发展的现状，康晓光总结了商业与慈善进行合作的两种模式：一种是分离 – 合作模式，另一种是融合模式。其中，分离 – 合作模式源于现代西方经济学的一些基本假设，即企业是最有效率的，只要企业能做好的事情，就不需要其他组织插手。只有在企业玩不转的地方，其他组织才有存在的必要。市场优先，慈善被设定为弥补"市场失灵"的产物，从而剥夺了慈善独立存在的依据。另外，区分"私人物品"和"公共物品"，承认市场只能有效地提供私人物品，而公共物品的有效供给则

① 康晓光，冯利. 中国慈善透视 [M]. 北京：世界科技出版公司，2020:55.
② 康晓光，冯利. 中国慈善透视 [M] 北京：世界科技出版公司，2020:58.

需要政府和非营利组织的参与。从这个角度来说，界定公益的两个条件包括：第一，提供公共物品，这个条件限定了公益的后动领域；第二，以非营利的方式提供公共物品。在这种模式下，合作的方式是企业向公益组织捐赠。

商业与慈善合作的另一种模式是融合模式，包括商业公益化和公益市场化（公益商业化）。商业的公益化，即在商业中融入越来越多的公益要素，它包括两种进路：一是从企业运营的角度进行公益化，表现为捐款捐物、员工的志愿服务、设立企业基金会或企业家基金会、承担企业社会责任、发展共益企业或社会企业。二是从投资的角度进行公益化，表现为社会责任投资、项目投资、公益创投、社会影响力投资。[①]

公益市场化或公益商业化包括四层含义：第一，"去行政化"，即公益摆脱政府的不合理干预；第二，在宏观运行环境中引入竞争机制；第三，公益组织吸纳企业管理方法；第四，公益项目在设计与运行中吸纳商业方法。但是，"公

---

① 康晓光，冯利. 中国慈善透视 [M]. 北京：世界科技出版公司，2020:57-60.

益市场化"并不意味着公益组织放弃利他目的，也不意味着公益组织转为企业。公益毕竟不是商业，社会毕竟不是市场，公民毕竟不是消费者。所以，"公益市场化"不是无限制的，而是有着不可逾越的界限。

公益市场化的客观基础是公益的"拟市场性"，即公益中存在着类似市场中的需求与供给关系。其中，公益组织可以被视为"供给方"，公益项目的受助者和捐方可以被视为"需求方"，而交易的"产品"就是公益组织的公益项目。公益组织要与其他公益组织竞争，用自己的公益项目与其他公益组织的项目进行竞争，争取捐赠者的认可，以求获得捐赠。另外，公益中的参与者都是平等的、独立的，其核心是"自愿"，一切交易与合作都是出于自愿。理论上，公益组织和企业一样，是独立于政府的，它只受法律约束，不受政府的其他干预。

公益与商业的融合，依然存在体、用之分。对公益来说，仍旧是以公益为体、商业为用。即指在手段上，借鉴商业元素，吸纳的是商业中的工具性东西，以提高自身的效率。但是，它仍然是更加坚定、厚实、有效的利他。对商业来所，则是在"体"的层面吸纳公益要素，在目标中加入更多利他成分，从中吸纳价值性的东西，即"以义制利"。

市场经济是一把"双刃剑"，无论如何，我们无法回避经济-社会结构变化带来的影响。

首先，慈善需求发生了巨变。慈善需求清单从生存性需求扩展到发展性需求。从助人者的需求来看，以中产阶级为主体的助人者群体，价值观高度多元化，而且慈善的积极性很高，自主性很强，行动能力亦很强，并且拥有一定的资源。所以，他们定义的"慈善需求"也表现出高度的多元化，也具有个性化、小众化、随时变化的特征。从民间与政府的分工看，越是低级需求，刚性和同质性越强，满足此类需求的行动越具有刚性、普遍、稳定、持续的特征，越是适于由政府来满足。越是弹性、小众、小规模、变动不居的特征，越是适于非政府主体予以满足。随着社会经济的发展，越来越多的刚性需求得到法律和政策保障，留给社会去满足的需求越来越多元化、个性化。

其次，慈善的供给发生了巨变。社会经济发展的后果之一是全社会的道德水准提升，利他、助人、责任意识普遍提升。因此，慈善的捐赠主体剧增，慈善要素进入所有领域，并带来慈善创新能力的提高。与此同时，受益者的权利意识提升了，能够更积极主动地提出诉求，而且能够直接采取行动解决自己的问题，受助者也成了自助者。[①]

第三节　共同富裕与第三次分配

"共同富裕"既是社会主义的永恒追求，也是一个历史进程。在经历反复挫折后，人们对"共同富裕"的认识逐渐达成共识：贫穷不是共同富裕，平均主义不是共同富裕，少数人的富裕也不是共同富裕；共同富裕是全体人民的富裕，是人民群众物质生活和精神生活都富裕。党的十八大以来，党中央把逐步实现全体人民共同富裕作为政治目标，采取有力措施保障和改善民生，打赢脱贫攻坚战，全面建成小康社会，为促进共同富裕创造了良好条件。2021年，在中央财经

---

① 康晓光，冯利.中国慈善透视 [M].北京：世界科技出版公司，2020:65.

委员会第十次会议上，习近平总书记强调："共同富裕是社会主义的本质要求，是中国式现代化的重要特征，要坚持以人民为中心的发展思想，在高质量发展中促进共同富裕。"在此背景下，如何促进全体人民的共同富裕，更好地满足人民的美好生活需要，是企业基金会需要思考的重大议题。

一、接纳慈善捐赠，积极参与第三次分配

在承认先富、后富说法合理性的前提下，厉以宁在 1991 年提出了对"共同富裕"的两种理解：第一种理解是，与过去相比，所有的劳动者都实现了收入的提高；第二种理解是，横向比较，群体之间的收入差距有所缩小。这两种理解，既是指财富的分配，又包含财富的生产与积累。针对第一种理解，人们的感受可能是共同的，即在改革开放的四十多年里，人们的生活水平得到了普遍提高，长期困扰人们的温饱问题得到了根本解决，甚至大多数人实现了小康。但是，对于第二种理解中的"收入差距缩小"，则仍然是个困扰。在这些年的发展过程中，市场失灵、政府调节失灵所带来的贫富差

距甚至于两极分化让我们咋舌。因此，如何在保证有序的财富生产与积累的情况下，恰当地进行财富分配，让全体人民可以共享经济发展成果，始终是市场经济条件下政府和社会的重要关切点。

"贫穷不是共同富裕"，物质财富的增长是共同富裕的前提条件。理解这一点非常重要。对企业基金会来说，要想准确地理解这一点，可能需要恰当地理解企业与基金会之间的关系。企业基金会，顾名思义，它是由企业或者企业家群体出资成立，是企业向社会贡献财富、企业家群体通过捐赠参与第三次分配的重要形式之一。可以说，企业和企业家群体的捐赠是企业基金会运行发展的源头活水。既然这样，企业和企业家群体捐赠的动力来自哪里？从行动主体的角度看，捐赠动力来自企业家所面临的个人和社会的道德力量，即向善的精神动力。从经济运行的角度看，捐赠动力来自企业和企业家在良性运行的经济秩序中有稳定的、可以预期的收益。换句话说，对市场经济而言，共同富裕的前提是政府和社会能够为企业提供健康的、法治化的秩序，从而保证它有相对稳定的财富来源。

与此同时，平均主义和少数人的富裕也不是共同富裕，共同富裕是全体人民的富裕。因此，共同富裕不仅关系到财富的生产，还涉及财富的分配。我们知道，第一次分配由市场决定，它不具有缩小收入差距的功能。相反，缩小个人收入差距，只能依赖政府的再分配和道德力量引导下的第三次分配。由道德力量调节的第三次分配是指出于个人信念、社会责任心或对某项社会事业的感情而引起的收入转移、自愿捐赠或自愿缴纳。在第三次分配中，富人在道德的驱动下，通过自愿的方式向社会捐赠个人收入，并且通过个人或者慈善机构，将这部分收入用于改善低收入群体或者困境群体的生活。可见，第三次分配是实现共同富裕的重要手段，它和初次分配、再分配一起，共同形成社会主义市场经济中协调配套的基础性制度安排。

在参与第三次分配的过程中，慈善机构就像一个小型的蓄水池，接受来自富人的捐赠，并将这些财富分配到有需要的弱势群体那里。对企业基金会来说，主要的捐赠主体包括企业中的企业家和员工，以及相关的爱心企业，基金会会根据他们的意愿或自主设定将这些捐赠收入分配给社会中有需要的群体或组织。可以说，在第三次分配中，有了企业基金会这样一个载体，企业家群体和企业员工、爱心企业就有了一个发扬向善精神、参与共同富裕的活动阵地。通过这个载体，企业和企业家可以更为主动、更为有效地参与到国家重大战略和民生服务的实施中。

二、借助专业力量，促进慈善事业高质量发展

高质量发展是我国经济发展的重要转向。多年来，中国经济的快速增长建立在资源过度消耗、区域发展不平衡、城乡发展不平衡、群体发展不平衡的基础上。为此，党的十八大提出了"创新、协调、绿色、开放、共享"的新发展理念。随后，党的十九大首次提出"高质量发展"概念，表明中国经济在未来的发展方向，即将由高速增长阶段转向高质量发展阶段。可以说，"高质量发展"是针对经济发展模式提出的新要求。对慈善事业来说，"高质量发展"意味着什么？

企业基金会又如何通过自身实践实现高质量发展？

我们知道，共同富裕是一个社会理想和政治目标，收入调节是迈向这个目标的重要手段。然而，慈善事业的基础是个人自愿，或者说，以慈善事业为核心的第三次分配是调节个人收入分配的重要手段。这样的话，参与第三次分配的群体多是分散的个人，他们的参与方式带有很强的个人性和随机性，捐赠效果也会受到捐赠人个人素养的影响，很容易产生混乱。因此，第三次分配需要高效的社会组织介入，以实现慈善事业的高质量发展。在这一点上，企业基金会具有先天的优势，它可以借用企业的优势资源开展慈善。

首先，企业基金会的运行可以借助企业管理经验。尽管在法律法规上，企业基金会是独立的社会组织，但是在实际运行过程中，企业通常会为基金会的发展提供各种资源保障，其中非常重要的一个优势资源就是管理经验。尽管分属不同领域，核心理念上也有着天壤之别，企业以盈利为终极使命，基金会以非营利性的公益慈善为根本追求，但是作为一种组织形式，两个组织在运行过程上却存在相似之处，尤其是运行过程中的节约和集约上。作为营利性组织，为了实现利润的最大化，企业需要在生产管理过程中尽可能地缩减成本，以集约化的方式运行。同样，作为非营利组织，为了实现慈善效益的最大化，基金会也需要在项目运行和管理过程中尽可能地节约成本，以便将更多捐赠资源用于慈善活动本身，让受助人更充分地从捐赠中受益，从而实现捐赠的效益最大化。另外，企业成功的关键在于能够实现资金的增值，即收益回报大于成本。这一点，恰恰是慈善组织的短板，很多慈善资源，往往由于不善管理而被搁置甚至浪费。好的慈善组织，一定要有提升捐赠价值的能力，即使捐赠回报大于捐赠的资金投入。因此，成熟的企业管理经验，对基金会的高质量发展来说，是一个非常重要的无形资产。

其次，企业基金会的项目开展过程中可以借助专业性的企业人力资源。对慈善组织来说，无论是日常管理，还是项目运作，都离不开优质的人力资源。企业在长期的发展中，积累了大量的大力资本。企业基金会除了吸纳企业捐赠之外，还受惠于企业的人力资本。在企业基金会的日常运营中，管理和项目是两块重要内容。除了上面说的，企业基金会需要专业的管理人才来降低运营成本外，它还需要专业人才来提升项目品质。作为一个现代的组织形态，企业聚集了不同类型的专业人才，如果能够将他们的专业优势和公益服务理念相结合，必然能够推动慈善项目的高质量发展，让现代专业技术服务于弱势群体，而非仅仅局限于企业内部，用现代专业技术营利。

慈善组织的介入，让分散的、以道德为纽带的个人力量得以汇聚，并将这股汇聚力量有效地传播出去，分散到社会中的低收入群体和困难群体，从而助力共同富裕。这种方式，避免了个人行动的盲目性和地域范围上的局限性。不过，慈善事业的高质量发展仍然是个难点，与经济高质量发展所要秉持的绿色、开放、共享等新理念一致，慈善事业高质量发展的核心也在于绿色、开放、共享。慈善组织通过何种途径能够更加充分合理地利用捐赠资源、让捐赠资金的价值放大、让受助者真正能够摆脱困境，乃至让全体人民共享美好生活，这将是个无尽的挑战。对此，尽管企业基金会和其他各类社会组织已经积累了丰富经验，但是，仍然是任重道远。

三、发扬慈善文化，共享精神富裕

共同富裕，不仅是物质富裕，而且包括精神富裕。问题是，如何在新时代的社会现实中传承慈善思想，让全体人民可以共享物质和精神的双重富裕。从现有情况看，志愿者队伍的培育是企业基金会发扬慈善文化、共享精神富裕的有效路径之一。除了发扬传统的慈善思想，慈善事业中的"精神富裕"，还应该根据时代特征和专业发展进行补充。一直以来，我们都说"赠人玫瑰、手留余香"，这是从捐赠者的角度去理解慈善。富人在向他人或者社会贡献了财富之后，可以获得道义上的褒奖和精神上的满足。这是"精神富裕"的一层意涵，它以捐助者为主体。那么，如果以受助者为主体呢？受助者在接收了"玫瑰"之后，该怎么办？是让这支"玫瑰"在自己的手中凋谢，还是再用己之力将这支"玫瑰"传递出去，惠及更多人，从而实现"手留余香"？可以说，社会工作在这个问题上的思考是较为成熟的。社会工作通过助人自助、自助助人两种理念的结合，让受助者不但有能力让自己走出困境，而且有能力为他人提供帮助，从而形成一个相对完整的慈善文化循环，以期实现星星之火的燎原。换句话说，慈善事业中的助人，既是指提供必要的物质帮扶，也是指教人某种能力，让他在未来生活中可以凭己之力走出困境，即我们通常所说的"授人以鱼"和"授人以渔"。在此基础上，慈善组织可以更进一步，在"授人以鱼"和"授人以渔"的同时，传承和传递慈善文化，让全体人民都可以共享精神富裕。

第四节　地方性的慈善文化

一、范氏义庄的示范效应

一方水土养一方人。在考虑企业基金会的发展背景时，除了国家的宏观政策和价值引导外，我们还需要考虑地方性文化的影响。"文以化人"，在社会生活中，我们每个人都在以不同的方式接受文化的熏陶，并将其内化为我们各自的价值标准，指导我们的社会行为。尽管处境不同、机遇不同、禀赋不同，我们在价值判断和行为选择上会表现出差异性和多样性，但是，文化所浸染的社会底色却构成了个体行为的一致背景。在考量江南地区的慈善文化时，我们必须关注范氏义庄的示范性。范氏义庄位于苏州市姑苏区范庄前路，尽管历经世事变迁，范氏义庄只剩下旧址，该旧址也被重新利用为景范中学，但是范氏义庄的存在，无疑给中国的慈善事业提供了重要参照。无论是对理论研究，还是对实践经验，范氏义庄都具有重要意义。对于范氏义庄的具体情况，朱友渔在他的研究中做了详细说明。①

范氏义庄成立于 1064 年，当时由范仲淹购买近千亩土地设立，目的是为救济宗族中的贫困人口、资助宗族中有志于学业功名的年轻人、劝导宗族中人兴学劝善恪守孝义节操、保持宗族凝聚力等。浚按族规，子姓给米惟均。本年加给之例，独丧葬、嫁娶、读书与试则优，惟十千至五十千不等。后世田减赋加，子孙且数倍于昔。合而计之，昔之一口，当

---

① 朱友渔 . 中国慈善事业的精神 [M]. 北京：商务印书馆，2016:68-72.

今之三十口，固宜赒给之数相去悬殊，而优给诸项亦难为继也。[①]范氏义庄的财产则主要包括义田、农具、义仓和房屋。义田雇佣佃户耕种，佃户从每年农产中固定抽成，剩下的全部交还义庄所有。佃户可使用义庄农具。农产品（主要为谷物）会存至义仓。房屋以合理的价格租给佃户，也免费提供给贫困佃户，房屋的修葺责任由所住佃户承担，贫困者可以免除责任。佃户不得破坏和分割义田。

范氏义庄的意义，除了设置初衷是由范仲淹召集宗族亲人实施慈善、互助外，更在于它形成了较为详细的管理制度，即义庄规矩，并且随着宗族人口的增长，适时对义庄规矩进行修订。

首先，义庄主要管理人员（首事）的挑选与管理。据史料记载，义庄的首届管理人员（首事）由范仲淹任命。但是随后的首事接任情况并不清楚，根据当时社会风俗，义庄的管理者很可能是宗族长者。在日常事务中，义庄首事由宗族

---

① 余治.得一录.转引自朱友渔.中国慈善事业的精神[M].北京：商务印书馆，2016:68.

成员监督。1083 年，义庄规定首事若被疑滥用职权或有舞弊行为，将被检举。1095 年，义庄规定检举将按法律流程进行，如取证、传召证人等。然而，在职的首事拥有不受宗族家长干涉的绝对权力。首事即使被检举，依然享有完整的个人权利。这些规定表明，义庄首事在承担宗族托付的管理责任的同时，享有个人豁免权以及免于监督的管理权。如果义庄年度报告或半年报告表明首事管理出色，义庄首事会获得礼品或大米嘉奖。每年春秋两祭（清明、谷雨），义庄会召开大会。①

其次，救助物资的发放。范氏义庄最早规定（1050 年）向每位族人发放白米布匹。宗族成员每日可领白米一升，每年可领布一匹。各房房长于每月给义庄首事上报所需援助，援助经核实后给予发放。义庄对孩童、居于外地的族人及佣人有特别规定。义庄于 1050 年规定男女年满 5 岁以上每人每日得白米一升。5~12 岁的孩童每年可领布半匹。年逾 50 岁，又有不满 16 岁的孩子要抚养的佣人可以领到与宗族成年成

① 朱友渔.中国慈善事业的精神[M].北京：商务印书馆，2016:69-70.

员相同的份额。一户人家可每年领得额外白米一升，用以赈济姻亲。义庄于 1095 年规定居于外地的族人不得领取救助。1098 年规定修改后，每月第五天前返乡的外居族人可以领取救助。无论一家有多少仆佣，都只能领取最多 5 个人的救助。单身者不能为其仆佣领取救助。1098 年，义庄取消了对孩童领取救助的年龄要求，任何出生满两月的婴儿都可以随母登记，救助份额等同成人。1689 年，义庄规定只有成年者（16 岁以上）才能领取全额救助。在春秋两祭，年满 16 岁的男童随其父、其兄长或其他直系长辈前往宗祠参加成人仪式，正式成为宗族一员。①

第三，特别扶助的情况。在特殊情况下，范氏族人享有特别扶助。特殊人群包括求学或赴考的范氏子弟、老人和寡妇。因宗族子弟一朝中举及第，光耀满门，义庄大力扶助有志科举入仕的年轻子弟。1073 年续订规矩中对于扶助参加科举考试和任教职的子弟做了规定。1689 年的规定更为详尽，范氏子弟自此可依其科举成绩领取扶助。不需要扶助的子弟

---

① 朱友渔. 中国慈善事业的精神 [M]. 北京：商务印书馆，2016:70.

可以将扶助转给更需要扶助的子弟。1689 年的义庄规定还包括：给年逾花甲者以额外扶助，给年逾古稀者加倍的额外扶助，给年逾耄耋者三份扶助，给无子孙的老人另外扶助一份，一人可领得最多不超过五份的扶助。寡妇守节满三年者将予以登记在册，享有全额扶助；守节五年者扶助加倍；守节十年者扶助为三份；守节满十五年者扶助四份；守节满二十年者享有扶助五份。一旦再嫁，不予扶助。操办红白喜事的家庭也会得到义庄扶助。[①]

从朱友渔的描述中可以发现，范氏义庄的慈善活动主要集中在宗族内部。也正因为如此，它是一个较为彻底的民间慈善机构，而且在管理上已经较为完善，有明确的目的、专门的管理人员和明确的救助对象和救助内容。如果文中所列时间无误的话，范氏义庄的存续时间也较为长久，从 1064 年设立，至少延续到 1689 年，跨越了宋、元、明、清四个朝代。在救助对象上，范氏义庄除了偏向有志科举入仕的年轻子弟、守节的寡妇、年长者之外，覆盖面较为广泛，可以说涵盖了

[①]　朱友渔. 中国慈善事业的精神 [M]. 北京：商务印书馆，2016:71.

宗族多数成员，甚至鼓励宗族人员向需要救助的姻亲施助。此外，救助内容不仅是日常的衣与食，还包括宗族家庭遇到的红白喜事以及宗祠祭祀。这种广泛性体现了范氏义庄作为民间慈善机构的嵌入性，它与宗族成员的日常生活紧密联系在一起。

之所以说范氏义庄具有示范性，以范氏义庄为代表的民间慈善机构构建了一种地方慈善文化，是因为在该地，除了范氏义庄之外，还分别设立了董氏义庄、丁氏义庄、汪氏义庄、蒋氏义庄、张氏义庄等多个义庄。从名称上可以看出，这些义庄多是在宗族内部开展慈善活动，体现了江南地区曾经宗族力量的兴盛。不过，它们也为当地人走出家庭，形成基于血缘的公共性奠定了基础。尽管这些地方已经物是人非，但是相信这些历史力量为当地的慈善文化埋下了种子，所以我们在今天看到基金会等慈善机构在这个区域遍地开花。

二、社区中的慈善参与及传播

事有因果，中国当前慈善事业的发展，离不开地方性文化潜移默化的影响，这种地方性文化，既包括深远的传统思想和地方行动的影响，也包括人们所置身其中的日常性的交往互动。在河仁慈善基金会成立之初，它即宣布每年向富闽基金会捐赠六百万元。追溯富闽基金会的来龙去脉，可以看出它对地方文化的塑造。福建富闽基金会成立于 1993 年，它由冢本幸司先生向福建省人民政府捐资设立，先后资助福建省 12 批次 132 名年轻党政干部、科技人才和企业经营管理人才出国留学。2003 年，冢本幸司先生又捐资设立富闽教育基金会，先后资助 5 批 396 名品学兼优的家庭经济困难学生完成中学至大学的学业。冢本幸司先生捐资助学、乐育英才的创举和致力中日友好的事迹，得到我国政府和福建省委、省政府的高度评价，先后获得国家和福建省颁发的"友谊奖"，并被授予"福建省荣誉公民"称号。

2022 年 7 月 22 日，我们走访昆山市的一家企业基金会。当问及基金会发起人，他成立基金会的初衷时，他说他是在一次活动中被周火生的事迹所感动，立志要像他那样做点事情。在场的基金会秘书长也感同身受，她说她们是听周火生爷爷的故事长大的，周火生爷爷拉着三轮车卖书筹款，捐助大别山的孩子们上学，周火生爷爷就是她们的榜样。这个回答让我很好奇：究竟是什么样的一个人会有如此大的影响力？为此，笔者开始了解周火生的故事。

周火生生于 1934 年，昆山千灯人，长期在昆山千灯从事基础教育工作，直到 1994 年退休。期间，他先后获得"社会主义建设积极分子""江苏省先进工作者""全国儿童少年先进工作者""全国优秀教师"等荣誉。1994 年退休后，他潜心参与安徽金寨的"希望工程"项目，身体力行并动员昆山市的单位和个人为该项目捐款。周火生的三轮车上挂着一面写着"为希望工程"的小红旗，竖着一块展板，宣传希望工程事业。他通过卖书挣钱来募集资金，到昆山市 70 多所小学卖书，筹到了一定的钱款后，就会购买衣物以及书本等学习用品送到金寨县、阳新县等地。此外，他还为这些地区的学校创建班级图书室。

截至 2014 年，周火生先后 89 次赴革命老区，共捐资 460 多万元，其中，个人捐款 26 万元；协建 5 所学校，并为 10 所中小学改善了办学条件；为希望小学送去了上万册图书、数千件衣服以及 67 台电脑等物资；资助了约 650 名学生，其中考上大专、本科的学生超过 40 人，还有 3 名研究生、2 名博士生。因此，在昆山，他被称为"希望骆驼""希望老人""昆山捐资助学第一人"。在他的影响下，昆山市许多市民都自发用不同的方式为希望工程奉献爱心。

文化是特定地域内一群人共享的行为习惯和价值认同。在昆山，"周火生"已经成为一种符号，代表着爱心与慈善，对人们的思想和行为起着指导作用。尤其是对于 90 后的群体来说，因为周火生的故事走进了校园，他更是通过学校教育走进了当地人的精神世界，为当地的慈善事业发展播下了种子。这种榜样的引导作用，遍布在社区文化中。基层政府通过社区空间的布置，让"慈善"精神触及人们的日常生活，让慈善榜样的故事进入社区。走进大街小巷，我们随处可以看到各种形式的"善行义举榜"（见图 3-1）。尽管文化不能被简化为空间设计，也不能被简化为仪式性的制度安排，但是，这种自上而下的慈善文化倡导，以及自下而上的互助合作的结合，一定会形塑具有地方特质的慈善文化力量。

图 3-1 善行义举榜

除了实体空间的布置外，很多组织和机构还通过网络直播的方式向社区成员传递慈善文化。对社区慈善文化的构建来说，"榜样"构成了政府认可的慈善精神的总体意涵，它尽管重要，却会有一种高不可攀的道德优越性。因而，在通过网络社区传播慈善文化的过程中，他们不再停留在"榜样"示范性层面，而是深入到普通人，展示了普通居民的日常慈善。比如，爱心达人基金会的核心理念是"好人做好事有好报"，在网络直播中，它会对志愿者的活动进行日报，内容包括志愿者点点滴滴的慈善活动。这种社区慈善文化的传播注重"普通"，即向居民宣传"普通人也可以做好事，每位普通人都可以是好人"的慈善理念。与此同时，它会通过身边的好人评选等活动，尊重和鼓励普通人参与慈善，让做好事的好人可以"得好报"。这种慈善文化注意到了多数人的力量，它既是一种对民间慈善文化的挖掘与肯定，也与市政府倡导的"日行一善""人人慈善"等理念相吻合。

这里，有必要记录的一件日常琐事是：2022 年 7 月 25 日早上，笔者带着一小包垃圾出门，路上遇到一位 70 多岁的老太太，穿着红色上衣，手里也提着一些垃圾。我不认识她，她也不认识我。我看了她一眼，她看了我一眼。彼此一起往前走了几步，老太太突然主动地说：你把垃圾给我好啦，你去上班吧。因为她年长，又互不相识，我不好意思麻烦她，急忙回答说："不用啦，我正好从垃圾站旁边走。"但是老太太非常坚定，说："给我吧，我带到外面去扔，你去上班好了。"我把垃圾给她了，内心充满了感动。当然，文化不可以还原为个人行为，但是能从个人行为中，让人对一个地方的文化产生判断。

此外，在社区治理中，也会通过积分奖励的方式鼓励居民参与慈善活动。这些扎根于日常生活的行动参与，将慈善精神融入日常生活的活动，又会强化地方性的慈善文化。需要提及的是，在苏州的地方慈善文化中，人们常持有"福报观"。在多家基金会的走访中，负责人都会认为自己所从事的慈善事业是一种"有福报"的事业。当然，"福报"会通过不同的方式去显现，比如，做事情的时候诸事顺遂，或者如上述慈善达人阐释的好人做好事会获得别人的认可和褒奖，即"有好报"。当慈善能够成为一种互惠规则，慈善文化的持续性也就获得了某种保障。

第四章 企业家精神与企业基金会的发展

第一节 "企业家精神"的内涵

在理解"企业家精神"之前，我们首先需要理解什么是"企业家"。按照通常的理解，企业家是对财富或资本进行管理和运营的人。企业家的出现与资本主义的发展是密不可分的，企业家与资本家的关系包括两种类型：一种是企业家与资本家的重合，对这部分群体来说，他们既是财富的所有者，也是财富的经营者——通过经营活动让财富增值的人。另一种是企业家与资本家的分离。在资本主义发展过程中，资本的所有者和资本的运营者逐渐出现分离的情况，有人专门从事商品或资本的经营活动，于是发展出独立的企业家阶层。这样理解的话，企业家的核心内涵是从事商品或资本的经营活动，并以财富增值为目标的那部分社会群体。明确这一点，是我们理解企业家精神与慈善之间关系的前提，即在本书中，企业家精神特指专门从事经营活动的这部分社会群体的精神特质，这种精神特质在长期的企业经营中形成，它会对慈善事业的发展产生影响，让"慈善"成为一种需要经营的事业，而不仅是传统意义上财富所有者所开展的单纯的的施舍活动。

不同的研究者在理解"企业家精神"的内涵上有所区别。总体而言，"企业家精神"可以从两个层面来理解：第一种是经济学意义上的企业家与企业家精神，熊彼特将其核心特质归纳为"创新"，包括技术创新和制度创新。第二种是社会学意义上的企业家与企业家精神，它强调个人主义精神，韦伯将其核心特质归纳为"敬业"，这种精神来自新教改革所带来的个人救赎观念的改变。所以，"企业家精神"的核心包括三个要素：创新、敬业和合作。在此基础上，汪丁丁给出了他对中国企业家精神的理解。除了上述三个要素之外，他认为，对中国的企业家来说，还应该包括第四个要素，即"济世"精神。该精神关系到中国企业家对生命终极意义和家庭代际关系的关怀与追问。"济世"是中国企业家特有的"超越方式"。在此世对有限生命的超越和对"恒产"的保护，这两方面的动机使得中国的企业家具有较强的"济世"精神。济世经国：一可以建事功，留得清名；二可以积累财产，造福子孙。①

一、"企业家精神"与经济发展的关系

在有关文化对经济行为的影响的讨论中，韦伯带给我们诸多启发，余英时将其概括为"韦伯式"问题。在因果多元论的方法论指导下，韦伯分析了西方社会宗教改革对早期资本主义发展的影响。他认为，新教伦理促成了资本主义精神的产生。在新教伦理改革中，人们在宗教领域忽视财富的价值追求遭到否定，转为对财富积累的积极肯定，认为财富的多少是人们能否获得救赎的重要因素之一。在这种文化动力下，新兴的资产阶级一方面辛勤劳动，以劳动为"天职"，另一方面克制节俭。在这两个精神动力的支持下，通过不断

①　汪丁丁. 什么是中国企业家精神 [J]. 沪港经济，1996（6）.

积累财富以获取上帝的"召唤"（Calling）。[①] 与此同时，韦伯还考察了包括中国在内的世界其他地区宗教伦理和资本主义发展之间的关系。

在韦伯眼中，中国社会像西方社会一样，充满着对财富的渴望，但是，这种对财富的追求并不能发展出西方那样的资本主义。为什么？首先，中国的儒教和道教是"功利主义"的，它是嵌入在人间的，没有"超越世间"的概念，不像新教那样，一切活动是为了获得救赎。因此，尽管中国社会也在追求财富，但是缺乏理解财富终极意义的指导。其次，中国宗教影响下的经济活动是私人的"经营"（算计），而缺乏将之客观化、理性化的动力，因此难以形成"理性的法律和协议"。再次，中国社会中缺乏促进资本主义发展所必需的文化基础，比如普遍的信任，这是商业不断外扩的关系基础；中国人更强调节俭，"清心寡欲"的道德限制了财富的积累；中国人更注重教育，强调道德教化在帝国治理中的作

① 马克斯·韦伯.新教伦理与资本主义精神[M].于晓，陈维纲，译，上海：上海三联书店，1987.

用，因此整体上花费大量时间阅读四书五经，而非谋求财富，在此基础上发展出来的"以耕养读"，更是一种对财富的消费，而非将财富用于理性的扩大再生产。此外，一些文化上的细节也阻碍了经济的扩张，比如上海在近代发展过程中需要修铁路和扩大城市建设，但是由于民间大量坟头不可挖而受到阻碍。总体而言，中国社会中这些根深蒂固的文化特质，阻碍了以财富积累和不断扩张为特质的资本主义的发展。[①]

沿着韦伯所提出的问题，东亚文化与亚洲"四小龙"经济腾飞之间的关系受到广泛关注。余英时细致考察了中国儒、释、道三教的伦理观念对明清商业发展的影响。[②]汤一介则从另外一个层面对该问题进行了讨论，他认为，与西方近代资本主义精神"用理性化手段实现追求利润的目的"不同的是，儒家理念可能更强调以增进人类社会福祉和企业家个人精神境界的提高为"目的"，而以一切最理性的方法不断赚

---

①　马克斯·韦伯.儒教与道教 [M].王容芬，译，北京：商务印书馆，2004.

②　余英时.中国近世宗教伦理与商人精神（增订版）[M].北京：九州出版社，2014.

钱为"手段"。① 在一次对谈活动中，费孝通和李亦园则谈到了"光宗耀祖"在经济发展中带给中国人的精神动力。② 除了历史研究和传统文化的理想类型分析之外，也有学者将眼光聚焦于近四十年经济发展的社会心理动力机制，张玉林将其归纳为发展的迷思和发财的梦想。③

苏国勋认为，除了多元因果分析之外，韦伯带给我们的启迪还有弥合行动与结构冲突的尝试，"在韦伯有关社会理性化与伦理理性化的复杂分析中，个性与培养个性的天职是二者关联和紧张的核心环节"。李猛则关注到了韦伯分析中的"政治"要素，他认为，早在《新教伦理》之前，韦伯对经济问题与文化现象之间的整体关系有着明确的意识，特别关注从特定社会阶层心理状况，及制约这一心理状况的支配关系与国家形态入手，来分析通常仅仅从劳动力市场与地租角度来处理的问题，此种关注延续到了对塑造各大文明主导

---

① 汤一介. 儒家思想与中国企业家精神 [J]. 中外企业文化，2014（10）.
② 范可. 改革开放的文化动力 [J]. 人民论坛，2018（33）.
③ 张玉林. 当今中国的城市信仰与乡村治理 [J]. 社会科学，2013（10）.

特征的阶层在社会支配结构中的位置的分析之中。①

在有关经济与文化关系的讨论中，既有研究更多关注特定文化对经济发展的影响，该研究成果丰富，不再赘述。与此同时，韦伯对于宗教伦理的祛魅和世俗化忧心忡忡。对此，苏国勋指出：真实的韦伯曾把自己比喻为"在逆物质发展潮流中游泳"，虽然无力改变这一客观趋势，但是用忧郁的眼神注视着现代社会的发展走向，担心在"资本主义大获全胜"之后清教徒式的"献身事业的精神"的"职业人"将会消失殆尽，取而代之的将是感官享乐者的纵欲无度和在官僚制庞大机器里一心向上攀爬的"组织人"的功利计算。② 由此，我们可以看到"韦伯式"问题的另一面：经济发展之后，文化向何处去？当然，有关经济与文化之间嵌入还是脱嵌的讨论也由来已久。不管怎样，在这样一个时代背景下，经济发展的文化动力以及它所带来的文化/社会心理影响等问题，值得研究者做深入细致的探讨。

---

① 李猛 . "政治"的再发现——基于《新教伦理》对韦伯思想发展的探讨 [J]. 政治思想史，2020（2）.

② 苏国勋 . 韦伯思想在中国 [J]. 学海，2021（1）.

二、"企业家精神"与企业的社会责任

在上述研究中，"企业家精神"更多从文化与经济生产、财富积累的角度提出。进入后工业社会，生产总体上进入过剩状态，这个时候，"消费"在社会经济生活中变得重要。甚至，桑巴特认为，是奢侈消费创造了资本主义的繁荣。[①]尽管如此，在社会价值体系中，过度的奢侈消费和浪费还是未被接纳，尤其人们意识到地球资源的有限性时，资本主义的过度发展更被视为一种不合时宜。另外，从社会关系的角度来说，过度消费也将深化人们对财富两极分化的印象，并加深对社会不平等和社会不公正的判断。在资源有限性和社会公平的限制下，现代社会对经济发展进行了各种调节和限制，其中，非常重要的一点就是要求企业必须承担社会责任，为人类社会的改善做出某种努力。这个情况下，"企业家精神"不再局限于创造财富的努力，也开始通过财富的消费与社会责任、慈善发生关联。由通过财富积累获得救赎资格发展到通过财富分配实现社会关系上的利他和互惠。

[①] 桑巴特. 奢侈与资本主义 [M]. 王燕平，译，上海：上海人民出版社，2005.

在高度分工的现代社会，有关"慈善"意涵的理解已经超越我们的既有想象。对此，韩俊魁对"慈善"进行了类型学的划分。他认为，对慈善含义的理解有狭义和广义之分，前者指扶危济困赈灾等传统慈善事业，也称小慈善；后者指包括狭义慈善和促进科教文卫等增进社会公共利益在内的活动，也称大慈善或公益。现代慈善则更多指组织化慈善，即各领域内按现代非营利组织运作的活动。[①] 因此，除了项目活动外，企业的社会责任部门和企业基金会对我们理解"企业家精神"具有重要意义。另外，随着中国企业的发展，中国的企业家群体已经实现了代际更迭。这个时候，我们在思考"企业家精神"的时候，需要考虑不同代际在"企业家精神"上的差异，以及这种精神气质对慈善事业发展的影响。其实，即使是在家庭内部，"慈善"的理解也可能表现出多元化。借用周晓虹的文化反哺理论，杨永娇等人通过定量研究后发现，家庭慈善行为具有代际传递效应，即父母捐赠行为的发生、捐赠偏好、志愿服务的参与等对子女有积极影响。对于

---

① 韩俊魁. 本土传统慈善文化的价值与反思 [J]. 文化纵横，2020（4）.

转型中的中国社会而言，子辈在形塑家庭慈善文化的过程中具有越来越重要的话语权。在中西方慈善文化互动加强、年轻一代更好地吸收现代慈善理念的背景下，通过"文化反哺"的传递模式来实现现代慈善公益精神和实践的传递，可极大地帮助中国完成慈善事业的现代化转型。[1]

慈善文化的形成，既有其历史文化传统，也需要某种积极的构建和培育。郭进萍对江南慈善文化传统的特点进行了概括。[2] 参照美国"道德环"对慈善文化的解释，朱力等人提出了我国社会慈善事业体系的"慈善环"，它是由政府、捐助者（企业、个人）、慈善机构（基金会、社会组织等）、受助者四类行动者共同构成的互动链，包括"责任环""信任环""资源流转环"。[3] 赵晓芳认为，中国的慈善文化经历了从实现社会控制到履行社会责任的演变：传统慈善观认为慈善即扶危济困，是实现社会控制的工具或手段，现代慈

① 杨永娇，等.个体慈善捐赠行为的代际效应[J].社会学研究，2019（1）.
② 郭进萍.江南慈善文化传统与中国红十字运动的兴起[J].江南大学学报（人文社会科学版），2018（3）.
③ 朱力，葛亮."道德环"对构建中国慈善事业的启示[J].南京社会科学，2013（3）.

善观则认为财富意味着责任，慈善的目的是履行社会责任。[①]
因此，现代社会中的"企业家精神"必然包含着企业的社会
责任。

作为公益慈善事业的具体执行者，企业基金会在慈善文
化发展中的功能不可或缺。清华大学国家金融研究院全球家
族企业研究中心 2016 年发布的《中国超高净值家族公益慈善
研究报告》对企业基金会的捐赠情况进行了说明。谢经荣认
为，民营企业已经成为我国公益慈善的主力。[②]修宗峰、周
泽将指出，以 2007—2013 年我国 A 股民营上市公司为研究对
象，在"为富"后，在现代商帮文化影响下的民营企业家表
现出更多"亦仁"的慈善捐赠行为特征。[③]他山之石、可以攻玉，
资中筠对美国基金会的历史与作用进行了阐述[④]。在此基础

---

① 赵晓芳.慈善文化的变迁：从社会控制到社会责任[J].兰州学刊，2013（5）.

② 谢经荣.民营企业是我国公益慈善事业的主力[N].光明日报，2015-12-21
（61）.

③ 修宗峰，周泽将.商帮文化情境下民营上市公司业绩对慈善捐赠的影响[J].
管理学报，2018（9）.

④ 资中筠.关于美国基金会的作用　中国社会科学院经济研究所学术研讨会
论文集，2001.

上，洪伟等人对美国民间基金会资助的发展趋势做了研究。①

在文献梳理中，笔者发现，企业家的精神气质，主要体现为他们创造财富和消费财富的文化动力。这种文化动力既包括传统文化理想的习得，也包括个体的经验习得和社会氛围的熏染。其中，笔者尤其关注企业家精神在财富捐赠中的推动作用，以及由此表现出的企业家精神与慈善文化之间的关联。

清华大学国家金融研究院全球家族企业研究中心 2016 年发布的《中国超高净值家族公益慈善研究报告》显示，江浙闽粤四省企业家引领捐赠潮流，在 2009—2016 年间，四省捐赠额的占比几乎每年都在 50% 以上。企业基金会的发展，是一个时代的缩影。在现代社会中，捐赠理念更具备实效性和专业性，而且更倾向于采用慈善基金会的管理方式。从某种意义上说，企业基金会的设立，是企业家慈善精神的集中体现。企业基金会的设立初衷和运作方式，表达了企业家对财

---

① 洪伟，等.美国民间基金会资助发展趋势考察 [J]. 山东科技大学学报，2009（3）.

富消费的社会意义的理解。不管是作为实现组织目标的理性化手段，还是作为满足企业家个人价值和情怀的途径，企业基金会最终会对社会公益的发展有所助益，比如企业基金会对扶贫的投入。

第二节　新时代企业家慈善精神的共性特质

一、企业家慈善精神的文化动力扎根于传统

在对企业基金会进行调研的过程中，笔者经常听到的一句话是"善事做多了，你做起事情来就会'如有神助'"："我们老板常说，当你能够有信仰，并且去行善的时候，你做事情就会'如有神助'。之所以这样说，可能跟老板的家庭情况有关，他是信佛的，他的家庭里祖辈也都信佛，我们公司大院里还有一个佛文化广场。所以，我们的员工对公益和慈善早就习以为常了。"另外也有一家企业基金会负责人说：我们在公司里面做人力工作的，经常会被人骂，被当作坏人。但是，自从加入基金会，从事慈善工作以后，我就觉得诸事

都很顺心，到哪都会被看作是好人，而且会被别人不断地感谢，真是应了那句话：善事做多了，会有神来帮助的。从这些表述中我们可以看出，人们试图从慈善活动中找到一种现实上的回报：有个外在的神明可以帮助施助者诸事顺利。

施与报的思想扎根在中国的宗教文化传统中。甚至有学者认为，中国的宗教文化具有功利、贪婪的世俗性，这一点从宗教场所的活动中可以看出，人们往往带着各种各样的目的进入这种场所，拜各种神灵以求心愿的达成。可以说，这是一种互惠的关系文化，即人们通过磕头、烧香等恭敬、虔诚的服从，换取各自心愿的满足。在第一章的内容中，笔者曾对施－报思想的来龙去脉进行了简单梳理。简而言之，这种文化从宋代以后开始兴盛，尤其以《太上感应篇》《功过格》《文昌帝君阴骘文》等文献的传播为代表，它是儒、释、道三教融合的产物，也是民间文化兴起的表现。

在施－报的主体间关系中，由于弱者的"弱"，他被认为不需要偿还，或者无偿还能力。但是，施而不受报，是超越社会道德的，或者用我们之前提到的余英时的说法，这种行为是"侠义"。它是神、圣所为，而非人所为。或者正如一位出租车司机所说："养育自己孩子的是人，养育别人孩子的是神。"既然在普通的社会秩序中，施都是要求偿还的，而受助者又无偿还能力，这个时候应该怎么办呢？于是，民间文化中发明了外在于人的"神"，它的威力大于人，可以在施善者需要的时候提供帮助，从而实现"报"的功能。当然，这种"报"不能被视为一种具体的行为，因为"神"的超越性，它不存在于具体的施－报关系中。它只能被视为一种抽象的存在，不局限于具体的此时此地，却又在施善者觉得需要的时候随时出现，无处不在。因此，我们可以将慈善领域的施与报视为一种精神信仰，它在文化上为人们的行善积德提供精神动力。

在施－报的主体间关系中，还存在报偿的对象问题，即"福德"究竟该归功于谁。在一次访谈中，W基金会的负责人说："尽管我从事的是慈善事业，但是我是没有功德的。真正有功德的是企业家，是他们捐赠资金给需要帮助的人，因此，功德是他们的。我只是从事了慈善这份工作而已。"可见，

"功德"与捐赠者联系在一起，含有慈善的利他性。换句话说，尽管基金会的工作人员从事与慈善有关的事情，但是因为他们从这个过程中获取工资报酬，因此他们并不将"功德"归于自身，而是归功于捐赠人——当然，他们也可以从这份工作中"沾光"。这样，我们对人的理解又重新嵌入到社会关系中去。比如，按照通常的社会规则，财富是可以继承的，父辈捐赠出去的财富有可能会给子孙家庭福利带来降低，因此，"功德"除了归功于捐赠人本人之外，也会惠及他的家庭和后代，即"泽被后世"。于是形成一种精神上的正向的激励，刺激企业家继续从事慈善活动，为积攒"无量功德"而努力。

对于上述功德观，企业家群体中也存在一些不一样的理解。在谈及当代中国企业家慈善精神时，有一位不能忽略的企业家，那就是曹德旺。2011年，曹德旺捐资创立河仁慈善基金会。他既是一位优秀的企业家，也是一位深思熟虑的慈善家。当谈及他的慈善捐赠时，曹德旺说："拥有财富，也是背负责任。捐了，卸下重担，反而一身轻松。""如有盈利分红，除用于家庭和自身生活费用之外，皆用于社会捐赠。因为最后一条戒律，所以我的捐赠项目与资助人数，与我的企业发展、财富的增加成正比。这些与日俱增的社会公益数额，皆出自我个人的分红所得，而非企业的行为。"① 在曹德旺的慈善思想中，包含着上述汪丁丁所总结的"济世"思想。当被冠以"中国首善"之名时，曹德旺淡然地说："我只是做了力所能及的事，根本算不上是首善，这一称号应该给那些在科技领域为祖国付出的人。"而且在这种慈善精神中，"慈善"更多的是一种平等、和善精神，而非具体的捐赠数字。"做慈善不是富人的专利，我捐几十个亿，跟你们拿工资的人捐几千块是一样的，因为你已经尽力了。即便没有钱，你还可能给人以笑容，展示你的同情心。"②

在中国的传统文化中，"济世"思想贯穿始终，对人们的影响也最为深刻。早期，这一思想主要通过政治途径去实现，如孔子提出的施仁政以及仁的教化。宋代以后，随着市

① 曹德旺.心若菩提（增订本）[M].北京：人民出版社，2017:118.
② 河仁慈善基金会官网，https://www.hcf.org.cn/，最后访问时间：2022年9月5日。

场流通的扩大和经济的发展，"济世"思想也逐渐成为一种道义经济，即"经济"是为了"经世济民"，而不仅是个人逐利。这一点体现了中国传统文化的大度。这种思想也影响到企业家群体。香港九龙集团的创始人孙福林说到："财富都是社会的，把这些年的积累反哺给社会，为老百姓做些实实在在的事，是我一直以来的愿望。我做慈善公益，办医院都是为了实现这个初衷。我希望我的家人、我的员工会和我一样，为社会、为老百姓奉献自己的爱心！"[①]

通过文化间的比较，或许更能理解中国企业家的慈善精神。对此，彭晶、于君博对西方的"新慈善精神"进行了探索。他们认为，从捐赠者身份、投资方式、投资渠道、受益者身份等角度，西方的慈善精神经历了一个重要的社会变迁过程。对美国来说，这个变迁发生在 19 世纪中叶。这个时候，涌现出乔治·皮博迪（George Peabody）、约翰·洛克菲勒（John D.Rockefeller）、安德鲁·卡耐基（Andrew Carnegie）

[①] 孙福林慈善基金会，www.sflfoundation.org.cn，最后访问时间 2022 年 9 月 14 日。

等一大批企业家捐赠主体，并且逐渐将参与慈善事业作为企业家立足社会所必须遵循的隐形契约。另外，在慈善的实施方式上，"新慈善精神"注重通过推动知识创造和传播来促进经济增长和社会繁荣。他们热衷于资助高等教育和学术研究机构，通过它们自身的有效运作来让年轻人和研究人员有条件为社会创造更多财富。在这种"新慈善精神"中，它的核心动力不再是传统意义上的利他，而是一种精明的策略选择，即通过慈善的介入进一步激发市场的活力，创造更多的财富和价值。这样做，既有利于提升市场经济运行效率，又能够降低政府在教育等公共事业上的投入。而且企业家会将财富视为社会馈赠，通过慈善捐赠的方式将财富重新流动到社会中去。因此，新慈善精神被视为一种更具社会意义的慈善发展方向。①

以此看来，中国的企业家慈善精神仍然更偏重于传统。无论是在施－报关系上持功德论，还是慈善平等论，中国企业家对慈善的理解仍然嵌入中国的传统文化。在这种理解中，

---

① 彭晶，于君博.新慈善精神的动因与社会意义 [J].中州学刊，2006（1）.

慈善更多关注财富的分配和消费，而非慈善在财富再生产中的功能和意义。当然，这一点受制于中国整体的社会环境。尽管改革开放以后，中国最终选择了市场经济，也强调创新在社会经济发展中的重要性。但是，由于发展时间短，市场经济带给社会的更大影响是"竞争"的观念和暴富的梦想，通过知识和教育投入提升整体福利的创新和活力不足。这就带来慈善事业上的局限，尽管已经有一些企业家愿意捐赠资金支持教育的发展，但是，这种支持更多聚集于硬件投资，以慈善为杠杆撬动知识创新、增进社会福利的力量仍旧微弱。

二、企业家慈善精神的实践聚焦于企业社会责任

企业社会责任，既是政府在对企业进行规范管理时的一项内容，也是企业家的一种社会自觉。在 2020 年国务院新闻办公室举行的"万企帮万村"民营企业家代表中外记者见面会中，曹德旺回顾自己几十年的创业之路和慈善之路时指出："企业家在赚钱的同时，必须兼顾到社会责任和社会效益。这是每个人都必须做的事情。"沈小平在第六届"江苏慈善

奖"获奖感言中指出："我们将慈善作为企业的第二份事业。每年把企业利润的 5%~10% 拿出来捐给社会公益事业，多年来我们累计向社会捐赠超 8 亿元，公司慈善公益足迹遍及全国 23 个省、20 个国家级贫困县、11 个经济薄弱地区。"可见，在企业家群体中，他们并没有对慈善和企业社会责任做出区分。相反，企业家慈善精神的实践聚焦于企业的社会责任。

在调研中，笔者发现，企业基金会在慈善事业中的参与，与企业履行社会责任之间也存在某种程度的重合。A 基金会负责人对公益和企业社会责任之间关系的理解是："在很多做法上，其实是将公益行为和品牌行为混合的，不管使用哪种，目标都是为了企业和社会的发展。比如上面提到的澳洋医院的活动，既是创立品牌，也有公益性质。"（A 基金会理事，2022 年 7 月 19 日）当问及 T 基金会负责人她对"慈善"的理解时，她这样回答：我理解的"慈善"就是责任，献爱心。第一，有钱了之后，做善事就更容易了。第二，我们老板对社会责任有着根深蒂固的观念。早在 1998 年的时候，他就给村小学捐了 30 台电脑，那个时候他还在给其他企业打工，并没有什么钱，但是已经开始做慈善了。所以，我的理解是慈善并不是必须捐多少钱，而是一种责任、一种风尚。第三，在老板的引导下，慈善现在已经成为一种企业文化，用老板的话说，就是"有敬畏心，然后有慈悲心"。所以，对他来说，慈善就是一种信仰，是信仰＋慈善，这一点是根植于企业文化的。（T基金会理事，2022年7月22日）

从社会实践角度看，企业基金会的慈善实践和企业社会责任之间难以划分出明确的界限，两者都是以提升社会福利为目的，都承担着社会道德的实践，同时也都是宣传企业声誉的重要途径。比如，在企业环境中，流行的一句话是"就业和民生是企业最大的社会责任"。因此，企业家善于经营管理，能够促进更多人就业，或者能够保障员工工资福利，提升员工能力，解决员工子女就学问题，疫情期间坚持不裁员、不减薪等，都被视为企业社会责任的体现，也被视为企业家慈善的表现。与此同时，企业家出资为家乡修桥铺路、参与扶贫捐款、帮助困难群体就学就医等，也被作为企业的社会责任来看待。

在慈善实践中，企业基金会慈善公益与社会责任的重合，还体现在企业成立社会组织的目标和参与方式上。在 A 基金会的调研过程中，基金会理事对这种重合的认识非常清楚：企业参与公益领域主要有两个载体：一个是志工协会，另一个是基金会。"志工"这个名字有点台湾味，早期他们向台湾学习过，当时也有些专业化的设想。成立志工协会，最开始是以企业发展中的健康板块为关注点的，当时筹集了 300 万的注册资金，有树立企业品牌的意思在里面。2005 年，医院成立后，面临竞争压力，作为新成立的民营医院，大家对医院的技术力量和服务都不熟悉，也不信任。于是就集结了一批医院专家到社区和菜市场做义诊，通过这种方式宣传医院的医疗水平和服务内容。另外，我们还在电视台做了"健康送万家"的公益活动……在很多做法上，其实是将公益行为和品牌行为混合的，不管使用哪种，目标都是为了企业和社会的发展。（A 基金会理事，2022 年 7 月 19 日）

但是，从理论上看，企业基金会慈善与企业社会责任之间存在差别，只是这种差别在实践中被忽略。首先，尽管企业基金会是由企业及企业家出资成立，但是，基金会一经成立，它就是一种外在于企业的独立的社会组织，具有公益性和非营利性，而企业的社会责任更多属于企业内部职能部门履责的方式。其次，在实施主体上，慈善事业的实施主体比企业社会责任的主体更为宽泛，它既可以是个人行动，也可以是企业行为。而在履行社会责任时，更多的是以企业为参与主体。再次，在实施对象上，慈善事业的实施对象又比企业社会责任的服务对象更为狭窄。前者的基础是无偿、自愿，实施对象更倾向于社会中的弱势群体；而企业社会责任的基础既可以是无偿的，也可以是互惠甚至是交易，其实施对象不仅包括社会中的弱势群体，而且包括更为广泛的社会公众和生态环境。

三、企业家慈善精神的发展得益于企业经营经验

企业生存发展的核心要素在于盈利，即想方设法降低成本、增加收益。在企业经营管理中，最为重要的品质是精明。这里，"精明"是一个意义丰富的概念，除了我们通常所理

解的"善于算计"的意涵之外，它还意味着节约、遵守信用和规范等。这些精神气质不仅是企业家的先天潜质，更是他们在管理经营企业过程中逐渐积累的"惯习"。这个部分想讨论的是企业家精神与企业家慈善精神之间的关系。在考量这一种关系时，一方面，我们可能需要理解企业家对自身身份的定位和认识；另一方面，我们可能需要注意企业家参与慈善与其他群体参与慈善的异同。

对于上述关系，曹德旺曾指出，他是企业家，而非富豪。这种身份定位意味着"本本分分做企业，我必须保持优秀，否则就会造成羞耻，不仅给评委们，而且会给整个中国造成羞耻"。他对自己成功路径的概括是：入戏、入角，即全身心地投入到企业的经营中。① 对"企业家"身份的认同，可以视为企业家精神得以形成的前提。这种精神品质，使得他在参与慈善活动中更注重捐赠款项的支出明细，即要求捐赠资金透明、高效地送到受助者手中。在一次采访中，曹德旺称他与多数捐款人不同，别人休想对他捐的钱坑蒙拐骗，他

---

① 曹德旺. 心若菩提（增订本）[M]. 北京：人民出版社，2017.

捐的每一分钱都要花得明明白白，每一分钱都要揣进需要者的口袋。在提及他为什么不愿意捐款给红十字会等公益组织时，他也直言不讳地说：如果官方机构能够做到公开财务、操作、捐赠程序，他当然是会捐的。另外，他对河仁慈善基金会的要求是，像上市公司那样去做管理、做审计、做慈善项目，每一分钱的去向都会让大家知道。据说，2010年，他曾经给中国扶贫基金会捐赠2亿元，用于救助西南5个省区的一些贫困家庭。他当时提出的要求是，必须在半年内将这笔捐赠款发放给10万个农户，每户发2000元，并且管理费不可以超过3%，差错率不可以超过1%。在发放善款后，曹德旺还采用科学方法，随机抽取了10%的受助家庭，再次核对资助情况。[①]在上述故事中，经营企业过程中所积累的惯习，让曹德旺可以在慈善捐赠中表现得更为精明。尽管中国的企

---

① 捐款260亿，为何不通过红十字会？曹德旺坦言：公开财务，我也捐 [EB/OL].(2021-08-31).https://baijiahao.baidu.comlS?id=17095787225978362308wfr=spider&for=pc；曹德旺自己建立河仁慈善基金会，只是因为对红十字会有信任危机？ [EB/OL].(2021-10-12).http://baijiahao.baidu.comlS?id=1713379531339725486&wfr=spider&for=pc；曹德旺：我捐了一百多亿了，慈善会就是快递小哥，钱给谁我来定 [EB/OL].(2020-10-08).https://baijiahao.baidu.comIS?id=1679969541209646636&wfr=spider&for=pc.

业家尚未将慈善作为事业来经营，但是，他们在企业经营中积累的这些惯习，推动了中国慈善事业的发展，促进慈善组织的公开透明运作，并且在组织的规范化发展和高效运行上做出努力。

也有另外一种情况，企业家确实将慈善作为事业来经营。这里，需要做出区分的是，在企业经营活动中，经营的核心在于营利。由于慈善组织属于社会组织，不以营利为目的，所以，"慈善"的目标是公益。在慈善事业中，经营的核心是慈善活动运行成本的控制和社会价值的扩大。这一点涉及商业和公益关系的讨论，对此，徐永光和福武总一郎等人曾有过详细的论述，这里暂不赘述。[①] 在调研过程中，笔者发现，尽管企业家在基金会发展的态度和具体做法上呈现多样性，但是他们在对慈善和商业关系的理解上都较务实。

技术上我们没有办法突破，因为这个是整个医疗行业的短板，没有太大的竞争差异，我们能做的就是提高服务质量，

---

① 徐永光.公益向右，商业向左[M].北京：中信出版社，2017.福武总一郎.公益资本论[M].北京：东方出版社，2021.

做好就医服务。这样,我们为 60 岁以上的老人免除了挂号费和诊疗费,现在又将这个年龄段提前到 55 周岁。这样一来就是对公立医院的冲击,因为每年医院损失的挂号和诊疗费用还是非常可观的。有人就说:"你这是商业活动,是在为医院做广告,不是公益的。"我回答说:"如果我们做半年,你可以说那是广告营销,如果这件事情我做了五年,甚至是会持久做,那还是营销吗?即使是营销,那也是大家都受益的营销。这样的话,它就是公益,而不仅是广告了。"(A 基金会理事,2022 年 7 月 19 日)

第三节　企业家慈善精神对基金会发展的影响

理论上,企业和企业基金会属于不同的组织类型,前者是营利性的商业组织,后者是非营利性的社会组织。而且企业基金会一经成立,就有独立的社会属性。但是,在实践上,由于企业往往是基金会的出资方,尤其是企业家通常是基金会的主要出资方,甚至是项目管理者,因此,基金会的运营与企业家慈善精神之间存在不可分割的关联,只是在介入程度或者具体介入方式上存在一些差异。而企业家的慈善精神，以及他们在对待企业基金会上的具体态度和作为，又受到企业家人生经历和阅历的影响。

一、企业家设立基金会的初衷决定了企业基金会的定位

企业家精神对基金会发展的影响，既有共性，也有个性。从共性的角度看，它主要表现在企业家精神会影响基金会的慈善活动领域选择。但是，因为慈善事业的社会性，企业家精神在基金会发展中的作用也表现出了多元性。不同的企业家，即企业基金会的创立者，在理解慈善，以及在基金会活动领域和活动方式选择上表现出了主动性。在笔者所调研的九家企业基金会中，当被问及创立企业基金会的初衷时，它们给出了各自不同的回答。

在案例 1 中，基金会主要做角膜移植手术贫困患者的救助。当被问及为什么会选择这一慈善领域时，该基金会负责人解释说：

我们老板以前是中学教师，他的想法应该来自《假如给我三天光明》的触动。另外，他喜欢读书，长期用眼也给他带来视力下降的困扰，他自己去医院看眼睛的过程中看到了很多患者在资金上的困扰。这些"黑暗体验"可能都促使他关注到眼科医疗。怎么说呢，可能是原本有着一颗公益之心，在这里恰好找到了种子吧。我们刚开始是出钱帮助企业内部的员工，从 2017 年开始转向社会资助。（K 基金会理事长、法人代表，2022 年 7 月 13 日）

案例 2 中的企业基金会是一家重点关注医疗领域慈善的基金会。在它们的理解中，能够为患者提供更好、更优质的服务，就是一种慈善。因为现代医疗不仅关注健康，更触及生命本身，所以，在这家有医疗背景的企业基金会里，它们更倾向于对"人"的关怀和照顾，而不再局限于"疾病"本身。这一点也恰恰是企业的定位：在医疗技术相似的背景下，服务质量就是核心竞争力。

案例 2 中企业基金会之所以选择医疗行业，其实也是来自老板自己的切身体验吧。医院的成立，从创立初衷上说，跟老板岳母的生病住院不无关系，在就医过程中体验到了看病的难处。于是，他就说我去做这件事，一定会比公立医院做得好。就是说，企业家不再满足于权威做的事情，他们觉得应该让社会资本去做事情，通过社会资本进入，让社会可以有改观。基金会成立后，我们主要做社区成员的健康促进，即在社区中做低盐、低糖等慢性病预防工作。（A 基金会理事，2022 年 7 月 19 日）

在调研的所有基金会中，案例 3 中的企业基金会规模较小却最让我们动容的，无论是企业基金会的发起人，还是企业基金会的负责人，他们对待慈善公益的态度都非常认真、虔诚。在基金会的运作过程中，他们找到了相对明确的服务群体，并且与专业机构合作，围绕服务群体及其家属、社区形成了一个不断扩散的互助网络。

我跟周火生爷爷一起参加过活动后，就很受感动。2017年左右，我看了四川大凉山悬崖村的报道。当时，很多企业家正在一起开展联谊活动，看到这个报道后，就约着一起去考察。当时我们有 21 位企业家，想着那边天冷，又是做家纺的，于是就筹集了800条棉被，先用物流运了过去。我们联系了当地的志愿者，就一起过去了，当时就住在悬崖村对面的眉公县（音）。去了以后，非常有感触，我们是8月18日过去的，结果发现那些孩子在山上就光着膀子穿棉袄，生活很贫穷。另外，我们在那里也遇到一个山东的小伙子，23岁，大学毕业后就到那里支教，自己花钱买了冰箱、洗衣机，就在山上安下家来，教孩子念书，当时已经待了3年了。我们问他，为什么要留下了？他说，"就是想做点事情"。这个给我们非常大的触动。回来以后，我们也想着"要做点事情"。刚开始不容易，我们觉得光靠一两个人不行，需要联系其他的企业家，于是我们就花了4~5个月时间在苏州组队。基金会成立后，慢慢就开始觉得有价值了。有退伍军人回来后跟我说：我们找组织找得很辛苦，现在我们退役军人有了归属感。（××基金会法人代表，2022年7月22日）

案例4中的企业基金会是一家专门做图书捐赠的基金会。之所以选择做图书捐赠，而且只做图书捐赠，也来自企业家的切身经历。他爱读书，并且从事企业管理咨询工作。因此，基金会专注于图书捐赠这一单项内容，既有利于将项目做成熟，又利于从项目中积累经验。

他一直的梦想是当作家，酷爱读书，他始终以卡内基为榜样，想用书来感染社会。有一次在云南丽江旅游时，他见到了很多国际志愿者在做丽江古城的保护，而且在客栈遇到一个来自澳门的公益人士，捐资 20 万元在丽江下面的村小建了所校舍。当时，20 万块钱在城里都可以买一栋房子的。但是，房子建成了，其他设备却没有着落。于是，有些有爱心的企业家又捐了些课桌和椅子。老板就想着那我就捐点书吧，于是我们就捐了 5000 册图书。现在老板在授课的时候，也会鼓励企业家为这个项目筹集资金或者直接冠名参与图书捐赠活动。很多企业家也希望能够带着孩子去学校参与体验。（Z 基金会理事，2022 年 7 月 26 日）

二、企业家对慈善的态度决定了企业基金会的运营

值得注意的是，企业基金会的运营状况，与企业占有的资源量之间并没有直接关系，相反，它更多受企业家对基金

会态度的影响。在调研的九家企业基金会中，A 基金会的出资企业财力丰厚，然而，基金会暂时并没有可持续的项目。从年报内容看，企业家对基金会的支持也相对不足——当然，这并不能说明企业家不注重慈善公益，他们会通过其他渠道开展慈善活动。基金会负责人的解释是：老板有个说法是，公益慈善就像是"一个人去买炮仗，一个人去放炮仗"。当时成立基金会的初衷，就是别人都有了，我也得有，一个是作为集团的品牌，一个是为了承担企业的社会责任。但是，对于基金会本身，确实不知道应该如何做。（A 基金会理事，2022 年 7 月 19 日）

相反，J 基金会的出资企业家则非常注重通过基金会开展慈善活动。在他的理解中，公益慈善的核心内容是"让看不起病的可以看得起病；让读不起书的可以上得起学；让养不起老的可以养得了老"。这既是企业的社会责任，也是他回馈社会的有效方式。于是，基金会成立后，设立了助贫、助医、助老、助学、助残、环保六大服务板块，并连续性地开展相关领域的服务。当然，在运营过程中，J 基金会更侧重于助医、助老、助学，而且运营方式更倾向于传统慈善，即通过捐赠的方式让受助者获益。

对 Y 基金会和 Z 基金会来说，它们的出资人既是企业家，又是公益项目的执行人。这意味着企业家不是仅仅出席与慈善相关的仪式性活动，而且参与基金会项目的实际运营，包括前期的项目设计、中期的项目实施和后期的项目效果评估，以及项目的过程管理等。主观上看，企业家的参与，体现了他们对待慈善的态度，这种态度不在于获得某种抽象结果——即我们在上文所说的"福报"，或者是借慈善实现社会关系、社会资源的拓展，而是通过项目参与获得具体的经验和知识，以及在此过程中的情感满足。从客观上来说，企业家的参与，可以深化基金会的项目实施。比如上述两个基金会，尽管每年获得企业家的捐赠资金量较少，但是项目设计和项目实施较为成熟，能够锁定特定的服务群体，运用专业服务方法，并且链接到专业的服务资源。

第五章 企业基金会发展的社会生态关系网络

互联是社会的重要特征，尤其是在现代社会，人与人、物与物之间的互联更是达到了前所未有的程度。也正因为此，"关系""关系资本"成为人们在日常生活中需要考量的重要内容。社会的变化也会透射到慈善领域。在互联社会中，慈善不再是一个人对另一个人的施舍和救助，而是牵涉到人与人、人与物、人与组织、组织与组织等各种事物、事务之间的关联。对此，康晓光曾将慈善理解为一个系统，即"慈善系统"，它是"指由各种慈善要素组成，要素之间的互动形成了某种稳定的结构，并具有某些确定的社会功能的系统，而且该系统与外部环境处于紧密的互动之中"[①]。这是从结

---

① 康晓光，冯利. 中国慈善透视 [M]. 世界科技出版公司，2020.

构功能论的角度对慈善系统的概括。在这个界定中，需要重点明确的是慈善系统由哪些核心要素构成，这些核心要素对整个系统来说发挥着怎样的功能，它们之间又有着怎样的互动，以使得慈善系统可以形成稳定的结构。围绕这个思路，笔者将企业基金会视为一个具体的慈善系统，并将其放在社会关系网络中思考。不过，与传统的结构功能论不同的是，在传统的结构功能论中，要素以及要素之间的关系主要是由研究者构建的，换句话说，它是一种强调客位思考的研究取向。这里，笔者对企业基金会的社会关系网络分析，强调企业基金会从业人员对企业与企业基金会之间关系的理解和认识，即偏重于主位分析。总体而言，企业基金会发展过程中所涉及的核心要素包括企业、行政管理部门、专业机构、捐赠者和受助者等。

第一节　企业与企业基金会的黏合

尽管企业和基金会是两种不同类型的组织形式，企业是营利性的商业组织，基金会是非营利性的社会组织，但是两者之间还是存在密切的关联，这一点从基金会的名称设定中可以窥见。在接受调研的九家企业型基金会中，有六家基金会以"企业名称＋基金会"的形式命名。更为重要的是，由于企业是企业型基金会的出资方，两者在日常运营中还是存在各种关联。首先，在基金会的人员配置上，多数基金会的从业人员同时也是企业员工，他们从企业获取工资福利报酬。其次，在基金会的办公场所安排上，多数基金会的办公场所由企业提供，并设置在企业内部。再次，在基金会的资源获取上，多数基金会与企业共享社会资源。最后，在基金会的项目设计上，多数基金会的项目服务领域与企业的业务内容之间有重叠。通过这些维度的分析，我们可以判断，在现阶段，企业基金会的发展与企业之间仍存在高度的黏合。接下来，笔者将以九家企业型基金会的调研为例，说明这个问题的现状，以及相关从业人员对该问题的思考。

一、基金会在对外交流中首先介绍企业的情况

如果严格按照规章制度，基金会和企业属于两种不同类

型的组织，那么，它们的业务内容应该是边界清晰的。但是，在实践中，尽管基金会能够坚守非营利的理念，但基金会和企业之间依然存在高度黏合，它们的关系处于混沌状态。这一点从基金会从事的慈善活动与企业履行的社会责任边界不清中已经可以窥见。这里，重点从基金会对待企业的态度方面进行阐述。

"基金会对待企业的态度"所涵盖的范围广泛、意义模糊。这里，笔者将其具体明确为基金会在对外交流、汇报工作时首先提及企业背景的做法。笔者认为，该做法体现了基金会对企业的认同和依赖，或者是一种鼓励和宣传。在接受调研的九家企业型基金会中，有四家在对外交流时主动汇报企业理念及业务内容，并将其作为重点内容之一进行介绍。

K基金会理事长介绍基金会情况时，首先对企业的业务内容进行了介绍：集团的业务主要涵盖"3+2"模块。"3"是指城市建设、金融和汽车销售，"2"指在社会服务领域主打教育和康养业务。A基金会负责人则首先带我们参观了企业展厅，并对企业的发展历程进行了介绍：集团其实成立已经有四十多年了，原来是一家乡镇纺织厂，1998年正式注册为民营企业，正好与改革开放同步。集团的发展重心在"生活"和"生命"两个关键词，"生活"指传统的纺织、科技行业，"生命"是新兴的健康产业，包括医疗、康养等，其实企业发展过程中也是逐渐将这两个内容融合。总体而言，我们的项目也是以疾病为切入点，有所为有所不为。

另一家企业型基金会B，是由民办的教育集团出资成立，该基金会秘书长在介绍基金会发展时首先介绍了基金会的成立及项目内容，紧接着对教育集团的宗旨、校舍面积、师资力量、办学特色等内容做了介绍。而T基金会则直接将对基金会工作的理解放在对企业社会责任的理解上：在公司停摆的三周中，公司产生了1500万的薪资，这个时候就体现了老板的责任心。当时大家都很担心，会不会因为没有工作量拿不到工资，只能拿到最低保障收入。因为我们公司的薪资发放方式包括两种：一种是计件工资，一种是计时工资。尤其对于计件工来说，没有工作量就是没有收入的。但是老板打消了大家的顾虑，承担了停摆期间的薪资费用，按照上个月的平均工资正常发放。整个四月，薪资额外增加 2000 万元，老板直接拿出 1700 万元发了工资。其实，对员工来说，他的评价标准就是看自己的利益有没有受损。从这一点上看，民营企业的社会属性非常强。

调研中，另外五家基金会虽未在交流中主动介绍企业背景，却也与企业有着其他形式的关联，这一点将在下文中论述。

二、基金会的人力资源主要来自企业

通过文献检索和实地调研，笔者发现，在参与调研的九家基金会中，绝大部分企业基金会的从业人员（包括专职人员和兼职人员）来自企业，其人事关系和工资关系也在企业。其中，A 基金会、B 基金会、K 基金会、T 基金会、Z 基金会尚未有专职工作人员，兼职工作人员数量为 1~6 人，平均为 3 人，这些兼职人员的工资关系和人事关系也在企业之中。需要说明的是，基金会的专职人员和主要负责人相对确定，但是兼职人员却存在不确定性，企业会根据基金会的业务情况随时调配。其他几家基金会中，J 基金会有 4 名专职工作人员，S 基金会有 2 名工作人员，他们的人事关系和工资关系也在企业中；X 基金会有 3 名专职人员，Y 基金会有 2 名专职人员，他们的工资关系和人事关系在基金会。具体情况见表 5-1。

表 5-1 九家企业型基金会中从业人员基本情况 单位 / 人

基金会名称	基金会中专职人数	专职人员工资关系在企业的数量	基金会中兼职人数	兼职人员工资关系在企业的数量
A 基金会	0	0	2	2
B 基金会	0	0	6	6
J 基金会	4	4	0	0
K 基金会	0	0	1	1
S 基金会	2	2	4	4
T 基金会	0	0	4	4
X 基金会	3	0	0	0
Y 基金会	2	0	1	1
Z 基金会	0	0	3	3

注：表中基金会的专职人员数量、兼职人员数量，以及他们工资关系情况，来自对基金会 2020 年年报信息和实地调研情况的综合判断。

一方面，慈善文化和慈善氛围的营造，需要通过志愿者队伍的塑造来彰显"志愿精神"。另一方面，基金会是一个载体，它在吸纳社会捐赠的同时，还需要将这些捐赠送到需要帮扶的群体手中。在这个过程中，需要大量的人力参与活动。因此，基金会除了有专职工作人员或兼职工作人员外，还会有各自的志愿者队伍。可以说，志愿者队伍是企业基金会的重要人力资源之一。从志愿者队伍的情况来看，企业基金会的志愿者队伍也多来自企业，由企业员工构成。

K基金会：我是做HR的，比较擅长做组织建设，目前我们正在着力打造志愿者服务平台。之所以发起志愿者团队建设，是因为在刚开始做项目时，人手实在不够，就通过志愿者团队的方式来弥补人力不足的问题。志愿者主要来自集团旗下的员工，由他们进行兼职参与。目前，志愿者团队拥有注册志愿者1700人（集团员工总人数在5000人左右），涉及集团旗下60多家企业，其中，每年有200~300人会参与志愿服务，主要是与医院对接，为患者提供照顾服务。（K基金会法人代表，2022年7月13日）

S 基金会：现在，基金会的志愿者全部为医院的医护人员，而且医院里的所有党员都参加了志愿者服务队，总共有 200 多人。现在准备跟社区联系，让社区中的党员也参与到我们的志愿者服务队中来。（S 基金会理事，2022 年 7 月 28 日）

此外，企业型基金会在日常运作中所需要的财务、法务、司机、保洁等人力，通常也都由企业负责提供。

三、基金会的办公场所全部由企业提供并主要设在企业内部

在参与调研的九家企业型基金会中，四家基金会有独立的办公场所，五家基金会没有独立的办公场所。有独立的办公场所的四家基金会中，两家基金会（Y 基金会和 S 基金会）的办公场所设在企业内部，另外两家基金会的办公场所没有设在企业内部——X 基金会的办公场所由企业家出资租用；Y 基金会由企业向所在社区党群服务中心申请在社会组织孵化基地设立办公场所。没有独立办公场所的五家基金会，其

从业人员都由企业员工兼职，因此，他们仍旧使用原岗位提供的办公室。这样来看，在九家基金会中，有七家基金会的办公场所是在企业内部。具体情况见表 5-2。

表 5-2　九家企业基金会的办公场所情况

基金会名称	是否有独立办公场所	办公场所是否由企业提供	办公场所是否在企业内部
A 基金会	否	是	是
B 基金会	否	是	是
J 基金会	是	是	是
K 基金会	否	是	是
S 基金会	是	是	是
T 基金会	否	是	是
X 基金会	是	是	否
Y 基金会	是	是	否
Z 基金会	否	是	是

需要注意的是，这里的"办公场所"不仅仅是工作空间的利用，还包括办公设备和办公条件的共享，比如电脑设备、网络设备、打印复印设备、水电设备、空调、车辆等。因此，九家企业型基金会中，七家基金会在使用企业办公资源开展工作，另外两家基金会的办公场所也由企业协调解决。

四、基金会服务内容与企业业务领域之间存在重叠

从表5-3中可以看出，在接受调研的九家企业型基金会中，A基金会、B基金会、S基金会、T基金会、Y基金会、Z基金会6家基金会的慈善服务内容与企业业务领域之间存在重合。比如，A基金会的出资企业是一家民办医疗集团，A基金会在慈善项目的设计上主要集中于特定人群的健康和生命照护；B基金会的出资企业是一家民办教育集团，B基金会的项目则聚焦于为西部地区提供教育支援，并实现东西部地区的教育资源共享；S基金会的出资企业也是一家民办医疗集团，在它们的慈善项目中，重要内容之一是向与企业有人才合作的卫校及高校提供奖学金和贫困生助学金；T基金会的出资企业有大量的一线产业工人，因此，在基金会的项目服务中，非常重要的一个板块是替员工做心理疏导和儿童的教育托管；Y基金会和Z基金会的项目内容单一，前者聚焦于"废纸换厕纸"，这一点与它的出资企业专注于厕所改造重合，后者则聚焦于西部乡村的图书馆建设，这一点也与它的出资企业专注于传播经营管理知识有关。

表 5-3　九家企业型基金会服务内容与企业业务领域比较

基金会名称	基金会服务内容	企业业务领域
A 基金会	关爱认知症长者；社区健康宣传；临终关怀等	纺织、科技、医疗、康养
B 基金会	自闭症定向捐赠；帮助北川教育发展	教育
J 基金会	助贫、助老、助学、助医、助残、环保等	建筑装饰
K 基金会	向贫困眼角膜盲症患者提供手术资金支持	城市建设、金融、汽车销售、教育、康养
S 基金会	新闻助学；卫校及上交奖学金；特校学生免费午餐	医疗
T 基金会	扶贫、乡村振兴、企业社工、心理辅导、医务社工等	光纤、光缆、电缆、互联网应用、房地产、物联网、金融、酒店服务
X 基金会	贫困学生"健康午餐"；贫困家庭"温暖芯"；留守儿童"百灵鸟 – 音乐疗愈"；儿童助学读书梦；资助复转军人创新创业；大学生创新创业；自闭症儿童康复；资助贫困儿童	纺织
Y 基金会	废纸换厕纸	厕所改造与厕所文化设计
Z 基金会	YTT 乡村学校图书馆烛光行动	企业管理咨询

五、对企业与企业基金会黏合的认识与评价

从上面的分析中，我们可以发现，企业基金会与企业之间存在着高度的黏合关系。这种黏合关系主要表现在：第一，

在企业型基金会的定位中，基金会更像是企业的职能部门之一，承担着履行企业社会责任和品牌宣传的任务；第二，基金会的人力主要来自企业，甚至绝大多数仍旧是企业员工；第三，基金会的办公场所主要由企业提供，并且由企业提供办公经费支持或办公资源；第四，对多数企业型基金会来说，基金会的慈善项目与企业的业务领域之间存在重叠现象，而且，无论是否存在重叠，基金会的慈善项目设计通常会考虑企业发展的需要。

另外，结合实地调研情况，笔者发现，基金会与企业之间黏合关系的强弱，与企业规模大小并无必然的关联。企业经营内容越单一，企业与基金会的黏合程度通常会越强。当然，这种黏合关系的强弱，还与基金会创始人（企业家）的态度有关。如果企业家本人热心慈善公益，并且积极参与其中，就像 X 基金会的创始人那样，这个时候，基金会会更侧重于慈善公益内容本身，基金会与企业的黏合程度会相对较弱。

理论上看，企业基金会与企业之间的黏合度高，不利于企业基金会的独立运作和专业性提升。而且，从最终目标来看，企业以营利为目的，企业基金会以社会公益为目的，"社会公益"占据了社会道德的高地，企业则充满了世俗性和功利性，两者道义不同，不相为谋。但是，经过对九家企业基金会的调研，笔者发现，企业基金会与企业的黏合，是现阶段企业基金会发展的必然，某种程度上，它更多的是企业基金会借用企业资源开展慈善活动。正如 T 基金会工作人员所言："目前基金会没有专职人员，全部是兼职，这样做，一方面可以节省人力成本，另一方面可以利用公司的专业人员。"（T 基金会秘书，2022 年 7 月 30 日）除了人力上的不足之外，行业的影响力是另外一个考量因素。正如 T 基金会的另外一位负责人所说："基金会暂时还品牌小，只能专注于做自己的事情，还不能形成影响力。"

黏合的结果，除了实现人力成本、办公经费的节约之外，基金会还可以借用企业优势开展慈善活动，形成特色鲜明的品牌项目。比如 J 基金会，在全国脱贫攻坚战中，运用企业优势教授贫困群体建筑装饰技能，帮助贫困群体实现技术脱贫；S基金会则依靠优质的医疗行业资源，为贫困地区送医送药、援建乡村卫生室。S基金会负责人对这种处境的认识相对明确："关于慈善，我们要做一直能做下去的，而且跟人家比，有自己的特色。"（S集团董办主任，2022年7月28日）这种情况下，基金会与企业之间其实是一体两面的互惠关系，正如A基金会负责人说的："在很多做法上，其实是将公益行为和品牌行为混合的，不管使用哪种，目标都是为了企业和社会的发展。"（A集团党委副书记，2022年7月19日）

当然，企业与基金会的黏合，也表现出某些弊端，长远来看，它不利于基金会的社会化路径探索和独立发展。这一点，基金会也已经有切身的体验，T基金会工作人员说："（企业型基金会的事务由企业员工兼职处理）这样做带来的弊端是，在基金会参与等级评估时受限制，所以最后只能拿到3A等级。"这一点还只是在具体事务细节上的体现。企业和基金会毕竟属于不同类型的社会部门，在核心理念、发展目标和行动方式上都存在根本差异。因此，两者的过度黏合势必会影响基金会的长远发展。但是，在现阶段，多数企业型基金会中尚未有专职工作人员，专职工作人员的工资关系和社保关系仍旧由企业负责。在这种企业资源丰富而基金会资源匮乏的情况下，谈企业型基金会的独立发展又等于是天方夜谭。关于这一点，还需要在未来的实践和研究中有更深入的思考。

第二节　行政管理与企业基金会发展的规范化

一、日常管理中的规范化

从国家的法律法规和宏观政策上来说，1988 年国务院制定《基金会管理办法》（已废止），2004 年国务院颁布《基金会管理条例》，2016 年全国人民代表大会通过《中华人民共和国慈善法》，这一系列政策法规的出台，为企业型基金会等慈善组织的规范发展提供了指导。在此基础上，各级地方政府及相关职能部门对慈善组织的管理也愈加规范、严格。除了提供年检、年报等常规业务培训外，社会组织管理部门还会结合地方实际情况指导当地慈善组织开展慈善活动。

　　总体而言，企业型基金会在发展的规范性上做得较好。这既得益于行政管理部门的引导，也与企业型基金会的特质有关。从某种意义上来说，能够成立基金会的企业组织，一般都有着较为成熟的企业管理经验。尽管分属不同的领域，由不同的管理部门负责业务的指导和规范，但是，由于上述企业型基金会和企业之间的高度黏合。总体而言，多数企业型基金会在态度上都能够重视慈善领域的管理规范，并且能够按照登记部门和业务主管部门的规范要求开展活动。从年报信息上看，企业型基金会或许还有一些粗糙之处。但是，在实地调研中，九家企业型基金会对规范管理都有着明确的认同，而且对自身的理念、发展方向有着较为清晰的认识，只是在规范的形式化呈现，以及具体的项目品牌设计中存在较多困惑。

　　社会组织等级评估是促进规范化的一个契机，也是一个难点。这一点或许与从业人员对等级评估的熟悉程度有关。B基金会是一家教育型的基金会，该基金会的秘书长说，她原来对基金会的工作也不熟悉，2023年借着3A评估的机会，将基金会的管理规范系统学习了一遍，目前对基金会的发展规范已经有着较为清楚的认识了，未来的主要目标是加大基金会的社会活动力度。J基金会也是按照社会组织等级评估标准，逐渐明确了基金会的发展规范。

然而，对Z基金会来说，社会组织等级评估则是一个难点，而且不仅是社会组织等级评估，连每年的年检也显得棘手。Z基金会的项目运作相对成熟，基金会负责人对项目目标、实施情况以及捐助者、受助者的情况都非常熟悉。但是，她是从事财务工作的，当她谈到年检时，一脸愁容，说真的不知道该怎么下手去操作，尤其是填报系统中那些烦琐的内容，往往弄得她不明就里。"等级评估和年检太难了，有太多的工作要做。对基金会来说，拿到3A等级很重要，因为很多捐赠人都是企业家，以法人的名义捐赠，有3A资格的话，就可以拿到税前抵扣资格，可以给捐赠人开捐赠票据。这个是很重要的一个事项。为了拿到3A资格，2023年特地找专业人士做的审计报告，所有年检资料都重新做了一遍。"（Z

基金会理事长，2022 年 7 月 27 日）

社会组织的等级评估，与企业的税前抵扣联系在一起，所以，它是企业型基金会发展规范化的客观动力。S 基金会的负责人也说，在等级评估这件事情上，评分是必须要争取的。因此，在"社会组织等级评估"这根指挥棒的指挥下，许多企业型基金会往往形成一种"对标发展"的取向。它的积极意义在于有利于企业型基金会发展的规范化，并且有着清晰明确的指导方向，但是也可能会妨碍企业型基金发展的多元化和创新动力。

除此之外，行政管理部门在慈善事业发展中的主导权和话语权，也往往促使企业型基金会积极地寻求合作，联合当地的政府职能部门，共同努力以提升基金会和项目品牌的影响力。K 基金会是一家致力于眼角膜手术移植的公益慈善组织，在访谈中，基金会负责人说："在基金会的评估工作中，民政局的领导真的给了我们很多指导和帮助，我们深刻地意识到，慈善事业离不开政府的支持，需要政府来搭台。政府与民营企业之间也是相互需要，彼此提供支持，可以互动得很好。我们 2023 年想大规模地做项目活动，所以，我们就积极地去找街道合作。很多街道工作人员都很好的，会给予支持。即使拒绝也不要紧，反正我们都是在找善缘嘛。"所以，在基金会的发展中，他们非常重视与政府－社区之间的联动，为本地社区居民开展眼科义诊、盲人观影、黑暗体验等活动。从这些活动中，他们有效地回应了社区居民的需要，也扩展了基金会的影响力："当时我们开展活动的时候，有非常多的居民来参与，以致基层政府的工作人员都担心这样的活动会影响疫情防控。但是，从这次活动中，真的能感觉到居民非常需要这样的活动。"（K 基金会理事长，2022 年 7 月 13 日）

二、企业型基金会在参与国家重大战略中积极踊跃

企业型基金会与行政管理部门之间的关系，除了具体的地方事务和业务联系之外，还包括在行政部门指导下，积极踊跃参与国家重大战略方针实践。这里，笔者主要采用脱贫攻坚、乡村振兴、党建引领三个指标，将这种参与具体理解为是否参与脱贫攻坚、是否参与乡村振兴、是否开展党建活

动三个层面。根据九家企业型基金会的实地调研情况，笔者
发现，大多数企业型基金会在参与国家重大战略中积极踊跃，
具体表现为：六家基金会参与了脱贫攻坚战，四家基金会已
经在积极筹划参与乡村振兴，九家基金会从业人员均表示会
积极参与党建活动。具体情况见表 5-4。

表 5-4　九家企业型基金会参与国家重大战略情况

基金会名称	是否参与脱贫攻坚	是否参与乡村振兴	是否开展党建活动
A 基金会	否	否	是
B 基金会	否	否	是
J 基金会	是	是	是
K 基金会	是	是	是
S 基金会	是	是	是
T 基金会	是	是	是
X 基金会	是	否	是
Y 基金会	否	否	是
Z 基金会	是	否	是

当然，在具体的参与方式上，企业型基金会表现出了多样性，他们会根据各自的特长选择参与领域和参与方式。前面已经述及，K基金会是一家致力于角膜症患者救助的慈善组织，它们参与脱贫攻坚战的方式是将该项目的服务对象覆盖到西部地区贫困患者：现在也开始通过"互联网+"的方式宣传基金会的救助途径。我们的救助逐步扩展到了其他省份，甚至也成为扶贫的一部分。基金会联合合作医院，由合作医院出医生和设备为贵州、新疆等地的患者提供义诊的送医服务，受到了当地的欢迎。这就是公益的扩展，当地人非常需要，而且积极地参与这种活动。未来还打算在新疆提供30例的救助。在这个过程中，我们需要借助政府间的合作来拓展项目服务群体。通过政府的牵头，我们联系到了贵州省铜仁市相关部门，由基金会出资、合作医院出专科医生和设备走进贵州同仁市，与铜仁市的卫健委、医院合作，为当地的患者提供手术治疗。（K基金会法人代表，2022年7月13日）

与K基金会一样，S基金会是一家以医疗服务为核心内容的慈善组织，通过在西部贫困地区援建村镇卫生室的方式参与脱贫攻坚。T基金会，一方面通过企业大额资金捐赠参与脱贫攻坚，另一方面通过对贫困地区进行产业扶植和购买贫困地区的农产品来参与脱贫攻坚。J基金会的项目服务内容涉及助贫、助老、助贫、助学、助残和环保六大板块，为响应国家脱贫攻坚号召，借助企业优势，专门打造扶贫攻坚项目，通过技术团队参与的方式，教授贵州、陕西等地贫困人口就业技能，以技术支持和就业扶持的方式参与脱贫攻坚战。Z基金会则专注于文化教育扶贫，通过向西部山区乡村捐赠图书的方式进行公益扶贫。

随着脱贫攻坚战的结束，国家将"三农"工作重心转向全面推进乡村振兴。企业型基金会也对自身的项目服务重心进行了快速调整，希望能够在乡村振兴领域有所作为。只是，因投入时间短、政策导向尚不清晰等因素的制约，企业型基金会在参与乡村振兴中仍旧处于探索阶段。在九家企业型基金会中，T基金会在这一点上表现最为突出。在脱贫攻坚战中，T基金会的出资企业投入了大量的资金参与这一重大战略，为国家的扶贫攻坚做出了重要贡献，也获得了国务院的表彰，收获了非常好的社会影响。于是，国家的乡村振兴战略一启动，T基金会便将"乡村振兴"确定为未来的发展重点，迅速与高校开展合作，试图通过高校的专业资源探索参与乡村振兴的合理路径。与此类似，J基金会也在积极思考参与乡村振兴的可行方案。

党建引领的重要性越来越突出，在企业型基金会的发展中亦是如此。从调研情况看，九家基金会中，有三家基金会已经成立独立党支部，其余六家基金会尚未成立独立党支部。无论是否成立党支部，所有企业型基金会都能够积极参与党建活动。只不过，对未成立独立党支部的企业型基金会来说，它们的党建工作可能更多挂靠在企业中的党组织，通过企业党组织开展党员活动。有些基金会甚至结合自身优势和特长，积极探索具有自身特色的党建工作，争取在党建引领下能够有工作创新，比如S基金会、K基金会、J基金会等。X基金会、B基金会则在积极创造条件，努力推动基金会党支部的建设。

2021年，江苏省基金会评估指标体系中将党建工作的分值提升到了100分。这一导向对企业型基金会的发展具有重要影响。从上述九家企业型基金会的人员构成来看，这些企业型基金会中的工作人员多为兼职人员，即使有专职人员，人员数量也在四人以内。而且这些人员中，绝大部分工资关系和人事关系仍在企业之中。与此相应，基金会中从业人员的党组织关系也多在企业内部。因此，在党建活动中，基金会中的党员原先都是参与企业党组织中的党员活动。新的基金会评估指标体系出台后，绝大多数基金会都面临发展困惑，即不知道基金会的党建工作该如何实施。一方面，基金会从业人员本身已经数量不足，党员数量则更少，而且好多党员组织关系在企业之中。企业本身也面临党员数量不足和党建工作压力。在这样的情况下，在基金会中成立独立党支部面临党员人数不足的问题。另一方面，如何处理党建工作和业务工作之间的关系也是一个问题。对企业型基金会来说，它们大多都有相对明确的业务方向，即对特定领域、特定人群的慈善捐助。基金会中的从业人员也一直围绕这些业务方向开展活动，对业务板块和业务流程也较为熟悉。这种情况下，是应该将党建工作融入日常活动之中，通过服务民生的慈善活动来彰显党建引领作用，还是应该在业务工作之外，增加党建工作内容？如果是前者，大多数从业人员对党建工作方向较为清楚，因为将"为人民服务"融入日常工作中，这个做法具有光荣的传统，大家也有经验或者感官体验；如果是后者，新增加的党建工作该围绕哪些领域实施、如何实施、将会产生什么样的效果等，这些具体问题给基金会的从业人员带来了困扰。对这些具体问题，她们期待业务主管部门能够给予答疑解惑。

三、简要的评价

在企业型基金会的发展生态中，登记部门、业务主管部门的行政管理发挥了重要作用，有效地推动了基金会发展的规范化和地方慈善事业的发展，并且能够动员基金会撬动企业资源参与国家的重大战略，为参与第三次分配和促进共同富裕贡献力量。从调研情况看，九家企业型基金会都强调规范发展的重要性，强调对法律法规的遵守。总体看来，行政管理部门与企业型基金会的关系更多是一种单向的管理与被管理的关系，而非互动式、嵌入式的治理关系，企业型基金会在建言献策上的功能还有待提升。

第三节　专业机构与企业基金会发展的关系

作为慈善组织，企业基金会一方面吸纳企业及其员工的捐赠，另一方面要将这些捐赠恰当地用于助人活动，将捐赠资金或者物品精准、集约地送到需要帮助的群体手中。这个过程看似简单，但是，由于企业基金会置身于复杂的社会关系网络，其从业人员在助人活动中往往充满困惑。谈及企业基金会发展中的痛点和难点时，A基金会的负责人说：这些项目做下来，我们发现：第一，我们做得不专业。我们目前主要是围绕与企业经营内容有关的事情在做公益，局限于项目品牌和企业的相关度，对"慈善公益"考虑得还比较肤浅。第二，社会组织的力量有限，资金不足，政府的投入也不足。我们做的很多事情，需要社会组织的参与，因为对于这些事情，他们做得要比医院做得效果好。但是，我们现在有种感觉，就是社会组织觉得"公益"是不要钱的。这样，社会组织在承接政府项目时，都觉得廉价。大家都是在戴着有色眼镜看公益组织，这个会带来很多不良影响。这一点上，暂时没有破解的方法。（A基金会兼职负责人，2022年7月19日）

"专业的人做专业的事"，这一观点在调研中得到了普遍认同。在九家基金会中，只有Y基金会和Z基金会专注于单一项目。相对而言，它们的项目无论是在目标设定，还是在具体操作上，运作较为成熟。因此对专业化的需求较低。但是，对其余七家企业型基金会来说，A基金会的困惑也是它们共同的困惑。T基金会负责人在接受访谈时也提到："我们现在不缺钱，从我们这样的企业型基金会的角度来说，骨子里是带钱的，所以钱不是问题。现在的关键是我们缺项目运作方面的专业人才。"而S基金会负责人对于如何做出拥有自身特色的品牌项目也有同样的疑问。

企业型基金会对专业化的需求与期待有其合理性。从社会生态的角度考量，企业型基金会处于慈善社会生态的中间位置，它既连接着捐赠者，又连接着受助者。准确地说，它是将捐赠者的资金和物资有效传递给受助者的中间组织。它的存在依据：一方面，在于捐赠者的分散性和随意性，会导致捐赠活动的盲目，带来社会资源的浪费。而基金会的存在，恰恰是为了提高社会资源的利用效率。另一方面，慈善是一带有社会道德意涵的事情，这种社会道德本身即构成一种权力关系。尽管弱势群体在社会价值中具有获得帮助的权利，但是，一旦捐赠–受助关系发生，在具体的捐赠–受助关系中，捐赠者就会获得一种权力，即社会道德的优越感，而受助的弱者会成为被动的服从者。为了避免这种直接捐赠带来的弊端，社会中需要有一个中间组织在捐赠者和受助者之间搭建起桥梁。

因此，对现代慈善组织来说，专业化是其发展的必然，专业化可以有效提升慈善组织的助人能力。专业化需求的满足，一方面来自慈善领域专业人才的培养，另一方面来自慈善组织与其他专业性社会组织的合作。从上述企业型基金会的人员构成中我们可以看出，当前的企业型基金会更多依赖企业提供人力资源，尽管这一做法可以有效借用企业的优质人力，却已经无法满足企业型基金会发展的需要，上述困惑的症结恰在于此。那么，企业型基金会与专业机构之间的合作关系又如何呢？

如果按照狭义上的理解，这里的"专业机构"是指具有某项专业资质的人员占机构从业人员数量1/3以上比例的社会组织。这样的话，在九家企业型基金会中，有四家基金会与专业机构有合作关系（见表5-5）。其中，A基金会主要是通过项目购买的方式，让社工机构帮忙开展社区健康倡导活动；B基金会是通过向自闭症研究机构捐赠的方式开展合作；T基金会与社工机构的合作包括两种形式：一种是聘请广州地区的社工来本地开展项目活动，另一种是在本地高校中捐赠资金用于成立社会工作研究院，借助高校的专业力量为基金会提供项目设计。如果突破上述理解，从广义的角度理解"专业机构"的话，则几乎每家基金会都与专业力量有着或多或少的合作。比如，Y基金会的创始人曾参与过公益研究院的培训，并且在学习过程中获得了有关项目内容的专业指导；X基金会的秘书长说她曾参与过社工培训，并且在其中获得了专业上的成长。当然，在广义的理解下，

企业型基金会与专业机构之间的合作更多是一种弱联结的

关系。

表 5-5　九家企业型基金会与专业机构的合作情况

基金会名称	是否有过合作	如果有的话，合作效果如何	是否期望合作
A 基金会	有	较好	是
B 基金会	是	较好	是
J 基金会	否	—	未知
K 基金会	是	较好	是
S 基金会	否	—	未知
T 基金会	是	较好	是
X 基金会	否	—	未知
Y 基金会	否	—	未知
Z 基金会	否	—	未知

　　回到上述企业型基金会从业人员在专业需求上的困惑，
准确地说，它们的困惑可能不是在于基金会与专业机构之间
的弱联结的缺失，而是希望两者之间能够在项目上建立起可
操作的互惠型的合作关系。如果从这个角度理解"合作"的话，
多数企业型基金会与专业机构之间的合作仍旧处于缺乏或者
摸索阶段。从访谈中可知，B 基金会与自闭症研究会的合作
属于定向捐赠，虽然都致力于自闭症孩子的社会融入，但是

双方并无专业关系上的相互渗透。A 基金会和 T 基金会都参访过台湾、广州等地的社工机构，并且聘请过专业社工开展项目活动。所以，它们深知专业力量在项目活动中的重要性，但是，它们对于如何与本地专业机构之间开展合作，尚无明确的方案。这一点，可能与本地专业机构发展尚未成熟不无关系。在"五社联动"的倡导下，K 基金会比较注重自身与专业机构之间的联合，而且在项目上已经发展出一些合作关系，它们希望这种合作关系能够继续发展下去。

至于从业人员对企业型基金会与专业机构的合作期望，这一点，虽然许多基金会负责人在访谈中没有明确表达（当然，这个问题主要由笔者调查经验上的不足所致，在调查过程中并未将其作为重点问题向对方提及），但是，在整个调研过程中，对笔者触动最大的就是企业型基金会对项目"品牌"的强调，并且希望能够有专业机构来帮助实现基金会的项目品牌塑造。按照笔者的理解，助人就是在日常生活中给予需要的人恰当的帮助，"专业"无非是让助人活动更为有效的那些理念和方法，这可以让助人活动事半功倍。无论如何，

"专业"应该是嵌入日常生活中的，而非仪式性的或者表演性的。但是，多数企业型基金会更在意项目品牌和项目的影响力，这一点或许与它们的企业背景有关——企业遵循商业逻辑和市场效应，品牌及其影响力是虹吸的基础，只有创造了独特的品牌，才能抓住资本的虹吸效应。不知道这样的理解是否恰当，对品牌的强调是商业逻辑在慈善领域的投射。

第四节　企业型基金会发展社会生态关系网络的诊断

企业型基金会发展的社会生态关系网络是以企业型基金会为中心，涵盖行政主管单位、捐赠人、专业机构、受助人等要素的一个复杂的互动系统。从上面的分析中，我们可以发现：在现阶段，企业型基金会的发展与企业之间存在高度黏合关系，它与行政主管单位之间是一种单向的被管理－管理的关系，与这两种关系不同，它与专业机构和受助者之间尚缺乏有效的联结。具体情况见图5-1。

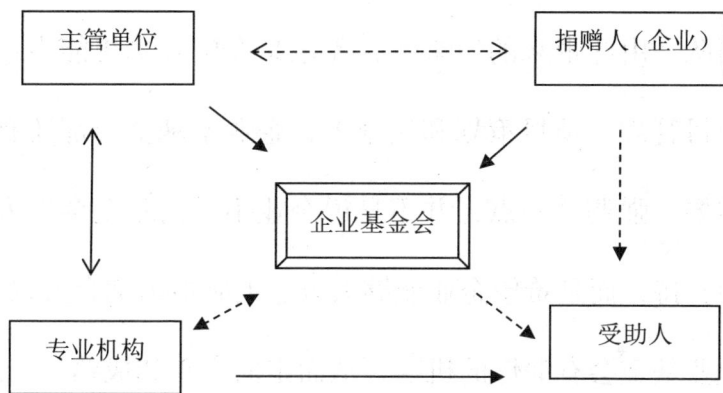

注：图中的实线（———）表示强关系，虚线（- - -）表示弱关系，箭头表示互动中的权力关系。

图 5-1 企业基金会发展中的社会生态关系网络

当然，这里的描述带有理想类型的含义，即它是对企业型基金会发展现状的抽象概括，不能完全等同于企业型基金会发展的社会现实，很多细节还需要再做仔细推敲和论证。在这张图中，笔者希望强调的是，经过近二十年的发展，企业型基金会在助人活动和慈善事业中取得了重要成就，但是，企业型基金会的发展尚处于脆弱阶段。

首先，企业与企业型基金会的高度黏合，使得企业型基金会在发展过程中难以形成独立的、以慈善事业为志业的专业团队，由此带来的后果是，无论是在资金募集能力，还是在项目管理、项目策划和实施上，企业型基金会都还有提升的需要。强调这一点，并不是说企业不要给基金会以人力和财力支持，而是希望企业能够大方、大胆地给基金会以支持，让企业基金会有锻炼的机会，从而走向完善和成熟。

其次，行政主管部门与企业基金会之间的管理与被管理的关系，有利于企业型基金会发展的规范化，让其在党建引领下，以及法律法规的约束下，有效地服务于国家的重大战略方针和地方社会民生。但是，这种单向的管理与被管理的关系，阻碍了企业型基金会的沟通渠道，不利于它们在地方慈善事业发展中建言献策功能的发挥。

最后，企业型基金会与专业机构联结的弱化，不利于地方慈善力量的凝聚和助人能力的提升。我们知道，在社会组织中，专业机构中往往汇聚了某一特定领域的专业人才。由于理念的前沿性和方法的多样性，这些专业人才往往能够改变我们对某群体或某事物的认知，从而改善助人活动的效果。

缺乏与专业机构的沟通，不仅意味着企业型基金会在助人方法上可能会存在某种局限，也可能意味着企业型基金会对受助群体的真实需求的理解偏差——当然，这个判断的前提是专业机构发展方向较为恰当，并且积累了足够的专业经验。两种社会组织之间的相互封闭，可能会妨碍地方慈善资源的有效利用。

总而言之，在地方性的慈善生态中，企业型基金会尚未形成一个良性的社会生态关系网络。

第五节　企业型基金会社会生态"良性发展"模型的探索

一、什么是"良性发展"？

鱼在水中，冷暖自知。对于企业型基金会发展中社会生态网络的处境，基金会从业人员有着深刻的认识。在 A 基金会调研时，A 基金会负责人提出了这样的疑问："企业型基金会在资金量小的情况下，如何越做越良性？就是用尽可能小的资金去带动大的社会价值。"（2022 年 7 月 19 日）S 基金会负责人对基金会本身发展的设想是："关于慈善，我们要做一直能做下去的，而且跟人家比，有自己的特色。这一点其实是很难的。今后努力的方向，就是做出自己的品牌。"（2022 年 7 月 30 日）

上述两家基金会提出了他们对于"良性发展"的疑惑和思考。在他们的理解中，"良性发展"至少应该包含以下两层含义：第一，资源利用方式集约，即"能够用小的资金带动大的社会价值"；第二，可持续，即能够"一直做下去"。结合前一章的内容，笔者认为，除了资源利用方式集约和可持续发展之外，企业型基金会的"良性发展"还应该包括企业型基金会发展的社会生态关系网络健全。"社会生态关系网络"可以视为企业型基金会发展的社会环境，从整体论的视角看，环境与事物之间存在相互依赖的关系，只有环境良好，事物才能获得健康的发展。同样，事物在运行中保持健康发展的状态，环境也可以从中受益。因此，企业型基金会在发展过程中需要重视良性慈善生态关系网络的构建。

本书的研究是以企业型基金会发展为中心，因此，在讨论它的良性生态网络构建时，也以企业型基金会为中心展开思考。相较于上一章中的生态关系网络诊断，在良性发展模型中，笔者更加注重企业型基金会在关系网络中的主动性和权力关系转变。具体而言，在与行政管理单位的互动中，企业型基金会能够更为主动，明确基金会的公益性目标，能够更为自主地处理与行政主管单位和企业之间的关系，并且能够将发展中的问题、困惑、经验有效地传递给行政主管部门，避免两者之间单向的管理与被管理的关系，从而更好地发挥企业型基金会在服务民生、克服官僚系统弊端、激发社会活力等方面的优势。在与企业的互动中，摆脱依附性、寄生性角色，尽量减少对企业的依赖——或者说，对企业贡献给社会的慈善资源能够有相对自主的使用权和使用能力，并且克服企业营利思维对基金会日常运营的渗透，从而保证基金会作为慈善组织的公益性。

当然，在处理上述关系时，企业型基金会是面临现实困难的，在这些困难中，可能会有一些企业型基金会"身不由己"

的苦衷。比如，我们在上文中所提及的，企业型基金会中慈善专业人才匮乏、企业经营思维渗透较深、基金会受企业管理、接受企业绩效考核等。企业型基金会难以在短时期内彻底克服这些困难。不过，在发展过程中，企业型基金会至少需要争取机会，塑造一些相对平等的权利关系。从长远来看，只有这种相对平等的权利关系，才能真正实现社会生态网络各主体之间的互惠和双赢，而非"一荣俱荣、一损俱损"。

公益是面向大众的，尤其面向大众中的弱势群体。因此，在企业型基金会的发展生态中，我们还需要考虑受助者和专业机构。在上一章中，我们提到企业型基金会与这两者之间的社会关系仍旧处于一种若即若离的弱关系状态。然而，公益的目标是改善人类生活，尤其是改善弱者的处境。社会工作、特殊教育等专业机构则是专门从事助人活动的专业性机构。在这样的情况下，企业型基金会需要与专业机构合作，共同为改善弱者的处境而努力，而非做"办公室式资助"，即脱离受助者群体，理所当然地给予穷人资金或物质上的支持——尽管很多穷人非常需要这种物质上的帮助。明确这一点非常重要。为此，企业型基金会既需要与专业机构之间加强合作，也需要沉浸到受助群体中去，熟悉他们的处境和切实需要。这种互动关系的建立，可让资助效果更符合受助者需要，从而更有效地帮助他们走出困境。

二、社会关系网络的衔接与重构

围绕上述内容，笔者提出企业型基金会社会生态网络的"良性发展"模型，并将其主要内容通过图 5-2 来呈现。

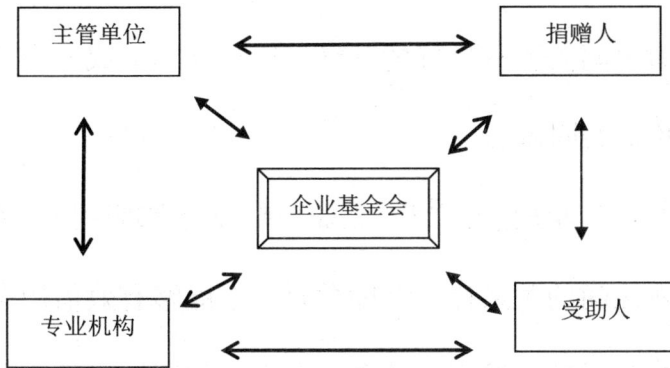

备注：图中的实线（——）表示强关系，箭头表示互动中的权力关系。

图 5-2　企业基金会发展生态中的良性发展模型

该模型的核心是强调社会关系的联结、平等、互动和互惠。企业基金会若想发挥它在公益慈善领域的影响力，需要在未来的社会实践中，加强与主管单位、捐赠人、专业机构与受助人之间的联系。与此同时，为了更好地发挥公益慈善的社会效用，主管单位和专业机构之间、主管单位和捐赠人之间、专业机构和受助人之间、捐赠人和受助人之间也需要加强联系，增加对彼此需求和特征的理解和认可，从而实现更好的合作，以及社会财富的更有效使用。当然，该良性发展模型是一个强调强关系的理想模型，在此模型中，公益慈善的各参与者之间需要有良好的互动，通过互动形成一个基于强关系的价值共同体。

从实地调研情况来看，企业型基金会在现阶段的发展中，与企业之间的关系存在高度黏合，它能够有效借用企业资源开展慈善活动。然而，基金会对企业的回馈尚不充分——当然，这种"回馈"并非物质上的交易，而是指基金会对企业的精神供给和文化影响。这种供给不足带来的后果之一就是企业内部对基金会存在意义的怀疑。为此，企业基金会需要有一个重新定位的过程，即对作为第三部门的价值和意义的理解，并且积极寻找企业文化与社会价值之间的连接点，从而获得企业信任和自主发展空间。

与此类似，企业型基金会与行政管理部门之间单向的管理关系，让企业型基金会在参与地方慈善事务时缺乏话语权。出现上述问题的症结在于：一方面，行政管理部门试图借用企业基金会资源实现科层制目标；另一方面，企业型基金会的人才团队主要来自企业员工，在基金会的目标设定和工作方法上有着严重的路径依赖，难以形成基于社会价值的谈判机制。对此，既需要行政主管部门调整工作思路，也需要企业基金会强化自身自主性，在互动中探索服务社会的合作机制。

企业基金会与社会中的其他专业机构之间联结弱化，缺乏有效的合作路径和相互支持。从调研情况看，之所以会发生这种情况，主要原因是双方充斥着竞争思维、互不信任。比如，企业基金会怀疑专业机构服务的专业性，而专业机构则依傍行政资源的供给，忽视社会资源的动员。有些发展较好的企业基金会，恰恰是通过与专业机构合作，实现了公益品牌的影响力以及服务的纵深发展。因此，双方需要摆脱信息鸿沟，适当地弱化竞争思维，明确服务社会的合作意识以及取长补短的共识，加强互动，行政主管单位也需要有意识地为两者搭建互动沟通平台。

此外，症结还在于企业型基金会对待受助人的态度。尽管也在尽量善款善用，将捐赠资金有效地传递给社会中有需要的群体，但是，大多数基金会脱离受助群体，只是在一些仪式性场合与受助人发生关联，而且态度上更多希望收获让人感动的"眼泪"，这也就导致慈善组织与受助人之间联结的弱化。为此，企业基金会可以扩展信息获取通道，扎根社会底层或者受助目标群体，更为准确地投入资源，以实现资源的有效利用。

图5-2即是针对这些问题所提出的理想化的企业型基金会发展的良性社会生态关系，希望能够对企业型基金会的未来发展有所帮助。慈善的目标在改变，让社会向善，让社会中的人可以得到恰当的帮助，可以生活得更好。在这个目标

中，有两个要素值得重视：一个是长久，一个是惠及大众。
这意味着慈善事业需要面向社会、面向社会问题，有长久之
思，让慈善成为可以预期的、在需要时能够惠及每一个人的
文化元素。

附录1 实地调研访谈提纲

1. 请您谈一下基金会成立时的基本情况，如哪一年成立的、成立的初衷是什么等。

2. 请您谈一下基金会的执行团队情况，如有几位专职工作人员，如何分工，采用什么样的管理方式，工作人员有哪些专业资格证书，工作人员是否参与专业交流或者专业培训等。

3. 请您谈一下基金会的经费情况，如基金会的注册资金是多少，每年的筹款额是多少，通过哪些途径筹款，是否接受过社会捐赠，每年的项目支出方向与支出数量情况，每年常规的运营费用需要多少，经费是否充足等。

4. 请您谈一下基金会的项目运营情况，如基金会的主要业务内容包括哪些，有没有相对固定的服务领域，主要开展哪些活动，是否有自己的品牌项目，是否有项目评估，基金会擅长做什么等。

5. 您（或者基金会的执行团队 / 理事长）如何理解基金会与企业之间的关系？

6. 您（或者基金会的执行团队 / 理事长）如何理解基金会与政府之间的关系？

7. 您（或者基金会的执行团队 / 理事长）如何理解"慈善"？

8. 基金会在未来的发展规划是什么？

9. 基金会发展中有哪些困难？

附录 2　接受调研的九家企业型基金会的基本情况

基金会名称	成立时间	注册资金/万元	经营范围	服务领域
A 基金会	2018年	500	资助扶贫、济困、扶老、救孤、恤病、助残、优抚等公益慈善项目；救助自然灾害、事故灾难和公共卫生事件等突发事件造成的损害；促进教育、科学、文化、卫生、体育等事业发展；防治污染和其他公害，保护和改善生态环境；其他社会公益事业	关爱认知症长者；社区健康宣传；临终关怀
B 基金会	2018年	200	资助各类民办学校的建设与发展；奖励和资助民办学校学生；设立奖学金开展济困助学活动，为家庭贫困、品学兼优的学生提供援助；开展公益教学科研资助项目；促进贫困地区与经济发达地区教育交流和培训；资助其他社会公益活动	自闭症定向捐赠；帮助北川教育发展；"一日捐"
J 基金会	2015年	5000	扶贫帮困项目；教育事业项目；其他公益项目	助贫；助老；助学；助医；助残；环保

续表

基金会名称	成立时间	注册资金/万元	经营范围	服务领域
K 基金会	2017年	300	捐助患有眼疾但因贫困无法进行眼角膜移植手术的患者；用于符合本基金会宗旨的其他公益活动；承接政府相关职能部门的业务委托	向贫困眼角膜盲症患者提供手术资金支持
S 基金会	2016年	200	对因贫无法实行必要的医疗救治的贫困人员的帮扶；对因贫无法正常入学学生的帮扶；对因天灾人祸造成极度贫困无法正常生活的家庭和个人的帮扶；其他亟须得到及时帮扶的个人和组织；参与政府组织的慈善公益活动	新闻助学；卫校及上交奖学金；特校学生免费午餐
T 基金会	2018年	400	支持积极开展关爱社会工作活动；表彰对社会工作发展做出贡献的个人和单位、优秀社会工作者；资助、参与各类社会公益活动与项目；组织开展社会工作主题宣传、交流活动等	扶贫；乡村振兴；企业社工；心理辅导；医务社工
X 基金会	2018年	200	资助复转军人创新创业；资助贫困大学生创新创业；资助帮困、助残、助学公益项目；发现、资助和培养未来的乡村教育者；资助和开展同民政业务相关的公益活动；支持、参与、发起各类公益性项目	贫困学生"健康午餐"；贫困家庭"温暖芯"；留守儿童"百灵鸟-音乐疗愈"；儿童助学读书梦；资助复转军人创新创业；大学生创新创业；自闭症儿童康复；资助贫困儿童

续表

基金会名称	成立时间	注册资金/万元	经营范围	服务领域
Y基金会	2014年	200	扶贫济困、恤孤扶幼、帮残助弱、助学等活动；资助公益慈善项目，培育社会公益团体，扶植优秀非营利组织；与公益组织、团体、企业和个人合作开展社会公益慈善活动	废纸换厕纸项目
Z基金会	2016年	200	筹募善款；帮教助学；贫困救助；协助政府开展对口扶贫、公益助医、城乡共建等活动；赈灾救助；其他合法、符合基金会规章的公益慈善活动	乡村学校图书馆捐赠行动

参考文献

[1] 曹德旺 . 心若菩提（增订本）[M]. 北京：人民出版社，2017.

[2] 夫马进 . 中国善会善堂史研究 [M]. 伍跃，等译，北京：商务印书馆，2005.

[3] 李小云 . 公益的元问题 [M]. 北京：中信出版社，2021.

[4] 林久贵，李露 . 曹操全集 [M]. 崇文书局，2020.

[5] 康晓光，冯利 . 中国慈善透视 . 八方文化创作室，2020.

[6] 苏州市慈善总会摘编：《习近平总书记关于慈善工作的重要论述》，内部出版物。

[7] 吴震 . 明末清初劝善运动思想研究（修订版）[M]. 上海：上海人民出版社，2016.

[8] 徐永光. 公益向右，商业向左 [M]. 北京：中信出版社，2017.

[9] 杨联陞. 中国文化中的"报""保""包" [M]. 北京：中华书局，2016.

[10] 余英时. 宋明理学与政治文化 [M]. 长春：吉林出版集团有限责任公司，2008.

[11] 余英时. 中国近世宗教伦理与商人精神（增订版）[M]. 北京：九州出版社，2014.

[12] 袁了凡. 了凡四训 [M]. 长沙：岳麓书社，2019.

[13] 郑功成，等. 中华慈善事业 [M]. 广州：广东经济出版社，1999.

[14] 周秋光，曾桂林. 中国慈善简史 [M]. 北京：人民出版社，2006.

[15] 周安士. 安士全书 [M]. 台北市：新文丰出版公司，1995.

[16] 朱友渔. 中国慈善事业的精神 [M]. 北京：商务印书馆，2016.

[17] 包筠雅.功过格：明清时期的道德变迁与社会秩序[M].杜正贞，张林，译，上海：上海人民出版社，2021.

[18] 福武总一郎，卢德之.公益资本论[M].北京：东方出版社，2021.

[19] 马克斯·韦伯.新教伦理与资本主义精神[M].于晓，等译.上海：三联书店，1987.

[20] 马克斯·韦伯.儒教与道教[M].王容芬，译.北京：商务印书馆，2004.

[21] 桑巴特.奢侈与资本主义[M].王燕平，译.上海：上海人民出版社，2005.

[22] 范可.改革开放的文化动力[J].人民论坛，2018（33）.

[23] 郭进萍.江南慈善文化传统与中国红十字运动的兴起[J].江南大学学报（人文社会科学版），2018（33）.

[24] 韩俊魁.本土传统慈善文化的价值与反思[J].文化纵横，2020（4）.

[25] 贺晓星.日本"聋文化宣言"：权力政治、社会不平等与文化再生产[J].北京大学教育评论，2008（4）.

[26] 洪伟，等 . 美国民间基金会资助发展趋势考察 [J]. 山东科技大学学报，2009（3）.

[27] 李猛 . "政治"的再发现：基于《新教伦理》对韦伯思想发展的探讨 [J]. 政治思想史，2020（2）.

[28] 彭晶，于君博 . 新慈善精神的动因与社会意义 [J]. 中州学刊，2006（1）.

[29] 苏国勋 . 韦伯思想在中国 [J]. 学海，2021（1）.

[30] 汤一介 . 儒家思想与中国企业家精神 [J]. 中外企业文化 2014（10）.

[31] 汪丁丁 . 什么是中国企业家精神 [J]. 沪港经济，1996（6）.

[32] 王璐 . 晚清劝善思想中儒家与宗教关系的新转向 [J]. 安徽史学，2021（6）.

[33] 谢经荣 . 民营企业是我国公益慈善事业的主力 [N]. 光明日报 .2015-12-21（16）.

[34] 修宗峰，周泽将 . 商帮文化情境下民营上市公司业绩对慈善捐赠的影响 [J]. 管理学报，2018（9）.

[35] 杨永娇，等 . 个体慈善捐赠行为的代际效应 [J]. 社会学研究，2019（1）.

[36] 张玉林 . 当今中国的城市信仰与乡村治理 [J]. 社会科学，2013（10）.

[37] 赵晓芳 . 慈善文化的变迁：从社会控制到社会责任 [J]. 兰州学刊，2013（5）.

[38] 资中筠 . 关于美国基金会的作用 [C]. 中国社会科学院经济研究所学术研讨会论文集，2001.

[39] 朱力，葛亮 . "道德环" 对构建中国慈善事业的启示 [J]. 南京社会科学，2013（3）.

后　记

这本书的出版，让我惶恐。企业型基金会的发展，是一个非常有意思的领域，在商业与慈善的交汇处，汇聚着多样化的人文生态，值得用心研究。然而，到目前为止，我对这个领域还是一知半解，甚至还有很多误解。比如，对中国传统慈善文化发展与演变的梳理、对企业家精神与慈善之间关系的认识，都非常的肤浅并且欠工夫；对企业型基金会发展良性模型的构建，又过于理想——试想，有哪种事物会百利而无一害呢？从研究的角度来看，类似的疏漏之处还有很多。因此，通观这项不成熟的研究，与其说它是一种结束，不如说它是一个开始。

在这个开始的地方，有些事情需要注明。首先，这项研究存在诸多不成熟和不规范之处，恳请读者赐教，我也当尽力完善。其次，这项研究让我有机会接触到中国文化中的慈善思想，这正是我早年求学时的兴趣所在。最后，这项研究让我有机会走出高校，进入企业基金会去看当下的慈善实践，尽管时间短暂，但是还是突破了许多原有的固化思维。游荡在江南，眼观其经济繁华，耳闻其以善结缘，不断在取利与取义之间徘徊求索，寻找思想上的中庸之解。可以说，我在这项研究里找到了些乐趣。

这项研究能够开启，得益于很多人的帮助，我要向他们表达感谢。苏州大学马克思主义学院的陆树程教授为本项研究提供了悉心指导，他待人谦和友善，让我在研究中获益匪浅。苏州市金螳螂公益慈善基金会的徐嘉秘书长通达干练，不仅为本项研究提供了非常多的经验指导，而且为我的参与观察提供了重要保障。同在基金会的李蓉、袁博伟和王群英乐善好群、活泼开朗，不仅为本项研究的开展提供了积极支持，而且在参与公益慈善活动的过程中给予细节上的提醒，从而避免了很多研究观点上的武断和偏差。三人行，必有我师，他们是我在企业基金会研究中的引路人。江苏师范大学魏晨老师的引介，让我有机会进入企业基金会这个研究领域，也让这项研究报告有机会出版，非常感谢他的热心肠。此外，也感谢江苏师范大学公共管理学院的领导和同事，他们为我脱产从事这项博士后研究提供了宽松的环境。最后，还要感谢我的丈夫白光，在研究期间，他承担了所有的家务劳动，牺牲了个人的科研时间。

司开玲于玉泉河畔

2023 年 11 月 20 日